大数据与旅游

苏会卫　刘子晗◎著

图书在版编目（CIP）数据

大数据与旅游 / 苏会卫，刘子晗著 . -- 北京：企业管理出版社，2024.6. -- ISBN 978-7-5164-3088-0

Ⅰ.F590.6-39

中国国家版本馆 CIP 数据核字第 2024N3E978 号

书　　名：大数据与旅游
书　　号：978-7-5164-3088-0
作　　者：苏会卫　刘子晗
策　　划：杨慧芳
责任编辑：杨慧芳
出版发行：企业管理出版社
经　　销：新华书店
地　　址：北京市海淀区紫竹院南路 17 号　　**邮编**：100048
网　　址：http://www.emph.cn　　**电子信箱**：314819720@qq.com
电　　话：编辑部（010）68420309　　发行部（010）68701816
印　　刷：北京亿友数字印刷有限公司
版　　次：2024 年 9 月第 1 版
印　　次：2024 年 9 月第 1 次印刷
开　　本：710mm × 1000mm　1/16
印　　张：13.50 印张
字　　数：200 千字
定　　价：78.00 元

目 录

第一章 大数据概述

第一节　大数据的定义

麦肯锡全球研究所给出的大数据的定义是：一种规模大到在获取、存储、管理、分析方面大大超出了传统数据库软件工具能力范围的数据集合，具有海量的数据规模、快速的数据流转、多样的数据类型和价值密度低四大特征。

从概念上来看，大数据的定义具有狭义性与广泛性的区别。对于前者而言，它一般代表着大量的数据资料，能够促进不同数据之间的融合；对于后者而言，其属于一个综合性名词，不但能够促进大量数据的融合，而且还对应了很多大数据技术。大数据技术和传统的计算机技术进行对比，是完全不一样的，属于完全不同的处理机制，能够对大量的数据展开研究、统计及处理。在利用大数据技术处理及分析数据的过程中，能够随之创建一套完善、高效的信息资产系统，以便于最大化地彰显数据的核心价值与重要资源。（黄炜，2021）

大数据主要是在计算机信息技术发展基础上产生的海量数据信息，这些信息具有数量庞大、类型繁杂、价值密度低等特征。大数据时代必须注重信息的收集与管理，挖掘信息价值，这样才能更好满足企业、行业的发展需求。

随着科学技术的发展和5G网络的逐步普及，人们每天接收到的数据信息量很大。在大数据时代，旅游行业想要实现健康持续发展，就必须把握大数据时代特征，并在此基础上构建智慧旅游管理模式。（宋黎娜，2021）

第二节　大数据的特征与应用前景

一、大数据的特征

数据体量巨大、速度快、类型多、复杂性高是大数据的主要特征。随着大数据逐步成为驱动数字经济发展的核心要素，其与劳动、资本、技术、土地一起构成经济新范式，重视和利用数据要素价值已成为社会各界的广泛共识。

（一）体量巨大

对于当前各领域的数据集合，TB、PB 数据量级单位已不能满足需求，目前已开始使用 EB 和 ZB 进行衡量。

（二）速度快

这里说的速度一般指处理速度与产生速度。大数据往往和人工智能、物联网等技术结合应用，对数据的实时响应要求高。大数据的处理效率又称为“1秒定律”，即可以在秒级时间内获得分析结果。

（三）类型多

大数据具有多个类型。以人为例，具有性别、年龄、身高、体重、身份证号码、学历、家庭住址等多重信息。数据的多类型、多层次属性应用到社会生产的各个领域，可以加速流程再造，提高生产效率，加速供需信息匹配，提高协同效率，从而创造更大的价值。

（四）复杂性高

大数据复杂性高。由于记录工具不同和应用场景不同，一方面，数据结构不尽相同，呈现为文字、图像、音频、视频等不同形式；另一方面，在内

容逻辑层面，大数据出现看似杂乱无章，实际有规律可循的现象。

大数据所有的价值在大数据的特征中占核心地位，大数据的数据总量与其价值密度的高低关系是成反比的。同时任何有价值的信息，都是在处理海量的基础数据后提取的。在大数据蓬勃发展的今天，人们一直探索着如何提高计算机算法处理海量大数据的效率，提取有价值信息的数据这一难题。

在人类社会的不同发展阶段，生产要素的构成是不同的。农业经济时代，最重要的生产要素是劳动和土地；工业经济时代，劳动、土地、资本、技术等是关键生产要素；数字经济时代，随着信息技术、大数据、人工智能的发展，数据的重要性凸显，它催生了很多新产业、新模式。数据作为一种生产要素，从其他要素中独立出来，是顺理成章的。随着国家将数据列为第五大生产要素，大数据将参与到市场的投入、管理、产出和分配的各个阶段。（赵鹏等，2022）

二、大数据时代的特征

（一）数据量庞大

大数据时代，数据产生速度异常之快，大数据的起始计量单位至少是PB、EB或ZB。无论是在生活当中，还是在工作当中，人们随时随地在接收着各种各样的信息。特别是随着自媒体的发展，抖音、微信、微博等自媒体媒介让信息接收、传递变得更为便利，人们既是信息的接收者又是信息的传递者。

（二）数据类型多元

大数据时代，人们通过手机、电脑就能够查阅、了解和获取各种各样的信息，如网络日志、音频、视频、图片、地理位置等。一方面，人们能够根据自己所需查阅相关信息；另一方面，人们会被动地接收信息，比如在网页浏览当中会出现各种各样的广告，这些信息会不知不觉对人们产生影响。

（三）数据价值低

大数据时代，人们虽然能够快速接受各种数据信息，但是信息价值并不高，

这就要求人们能够主动地检索有价值的数据信息，更好地满足自身需求。（宋黎娜，2021）

三、大数据的应用前景

大数据技术日益成熟，使大数据在诸多领域都得到了广泛应用。数据化的企业运营更是成为企业优化产业结构、提升服务质量的关键。在大数据时代，数据量迅速扩大、数据维度不断完善，数据分析的指导性变得更为重要。

（一）传媒领域

传媒相关企业通过收集各式各样的信息，进行分类筛选、清洗、深度加工，实现对受众个性化需求的准确定位和把握，并追踪受众的浏览习惯，不断进行信息优化。

（二）金融领域

在用户画像的基础上，银行可以根据用户的个人条件、资产数额及理财偏好等，对用户进行精准分析，了解其潜在的服务需求。

（三）电信领域

电信行业拥有庞大的数据，大数据技术可以应用于网络管理、客户关系管理、企业运营管理等。

（四）教育领域

利用大数据进行学习分析，能够为每位学生创设一个量身定做的个性化课程，为学生学习提供一个富有挑战性而非逐渐厌倦的学习计划。

（五）交通领域

大数据技术可以预测未来交通情况，为改善交通状况提供优化方案，有助于交通部门提高对道路交通的把控能力，防止和缓解交通拥堵，提供更加人性化的服务等。（辛士伟等，2019）

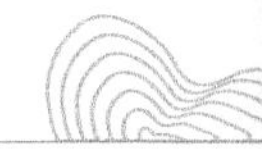

第三节　大数据相关技术

大数据技术指的是具有超过传统数据库系统处理能力的技术。随着大数据的产生，数据分析就显得尤为重要。大数据分析能够从海量的数据中提取出有效的信息，在企业的营销中发挥关键性的作用。可以说谁能够更好地利用大数据分析，谁就能够在竞争中处于更加有利的位置。

大数据分析主要包含了五种技术：大数据采集、大数据预处理、大数据存储和管理、大数据处理、大数据分析。

一、大数据采集技术

大数据采集对大数据分析至关重要，因为它处于大数据生命周期中第一个环节。当采集的数据量足够大时，收到的信息也就更加广泛，可以利用的有价值的信息也就会更多。

数据采集，即数据获取，是指从智能设备、传感器、企业在线、离线系统、互联网平台和社交网络等模拟和数字被测单元中信息采集的过程。

大数据具有互联网数据、商业数据和传感器数据三大来源。新一代数据体系中，分为内容数据和线上行为数据两类。内容数据包括电子文档、应用日志、语音数据、机器数据、社交媒体数据等；线上行为数据包括交互数据、页面数据、会话数据、表单数据等。

在具体实践中，大数据采集多种数据源时，必须同时采集，不同数据源采集的技术也不同。一般不会有一个平台或一种技术能够统一处理所有数据源，因此在大数据采集时，必须采用多种技术相互支撑，对采集技术的要求也会更高。

（一）大数据采集方法

1. 系统日志采集

系统日志采集，是指获取一个部门或系统在一定的时间内平台产生的所有数据。其可靠性、可扩展性和可使用性相对高，这也是系统日志采集的最基本特点。大多数互联网企业拥有自身的数据采集工具，主要服务于系统日志采集，如 Cloudera 的 Flume、Hadoop 的 Chukwa、Facebook 的 Scribe 等，这些数据采集工具属于分布式架构，完全能满足每秒数百 MB 的日志数据采集和传输条件。

2. 网络数据采集

网络数据采集，指通过网站公开 API 或网络爬虫等形式从各大网站上得到数据。尤其是网络爬虫本领很高，可以从单个或几个初始网页的 URL 开始，获取网页上的消息，同时在浏览网页的过程中，持续从观看页面上提取新的 URL 放入获取内容中，直到完成设置搜索的条件，才会结束。这一方法可以将非结构化数据从网页中提取出来，再以结构化的方式把它存储为一致的本地数据文件。这一技术可运用于音频、图片或视频等附件或文件的获取，同时也能将附件与文章关联起来。除了网络中含有的信息之外，对互联网流量的获取同样可以使用 DFI 或 DPI 等带宽管理技术进行分析、存储。

3. 数据库采集方法

传统企业通常会使用传统的关系型数据库，如 MySQL 和 Oracle 来存储数据。随着网络技术的飞速发展，人们开始使用 HBase、Redis 和 MongoDB 等 NoSQL 数据库来采集数据。各企业或部门通过在采集端安排多个数据库，然后在这些数据库之间进行负载均衡和分片，最后完成大数据采集工作。

4. 其他数据采集方法

对于企业生产经营数据或学科研究数据等保密性要求较高的数据，通常采用与企业或研究机构合作的方式，通过特定系统接口等技术手段进行数据采集。这种方式既能够确保数据的准确性和安全性，又能有效满足特定领域的数据分析需求。

（二）大数据采集平台

现在大数据采集平台有很多，下面几种应用较为广泛。

1. Apache Flume

Flume 是 Apache 旗下的一款开源，可靠性、扩展性都很高，且易管理、支持客户扩展的数据采集系统。Flume 被设计成一个分布式的管道架构，针对特殊场景具有良好的自定义扩展能力，因此适用于大部分的日常数据采集场景。

2. Fluentd

Fluentd 是使用 C 语言和 Ruby 语言开发的，通过 JSON 文件来统一日志数据。它的可插拔架构可以支持各种不同种类和格式的数据源和数据输出。同时，它也提供了具有高可靠性和很好的扩展性。Treasure Data 公司对该产品提供了支持和维护。

3. Logstash

Logstash 是著名的开源数据栈 ELK（数据搜索引擎 ElasticSearch，数据采集系统 Logstash，数据分析与可视化系统 Kibana）中的那个 L。Logstash 用 JRuby 开发，在运行时依赖 JVM。

4. Splunk Forwarder

Splunk 是一个分布式的机器数据平台。它主要表现在三个角色：Search Head 负责数据的搜索和处理，搜索时提供信息抽取；Indexer 负责数据的存储和索引；Forwarder 负责数据的收集、清洗、变形，同时发送给 Indexer。

二、大数据预处理技术

大数据预处理技术是指对收集到的原始数据进行一系列操作，包括清理、弥补、平滑、合并、标准化以及机器检查一致性等。这一处理流程有助于将复杂、杂乱的数据转化为相对单一且易于处理的格式，从而实现快速分析的目的。大数据预处理的步骤包括：数据清理、数据集成、数据规约和数据变换。

（一）数据清理

数据清理就是通过填补缺失值、平滑或删除离群点、光滑噪声数据，并解决数据的不一致性。数据清理的过程，就是对各类存在问题的数据进行相应的处理，从而得到标准、干净且连续的数据集，为数据统计、数据挖掘等应用提供有力支持。

1. 缺失值的处理

由于现实世界中，获取信息和数据的过程中会存在各类的原因导致数据丢失和空缺。针对这些缺失值，主要是基于变量的分布特性和变量的重要性（信息量和预测能力）采用不同的处理方法。

（1）删除变量：若变量的缺失率较高（大于80%），覆盖率较低，且重要性较低，则可以直接将变量删除。

（2）定值填充：工程中常用 -9999 进行替代。

（3）统计量填充：若缺失率较低（小于95%）且重要性较低，则根据数据分布的情况进行填充。对于数据符合均匀分布的情况，用该变量的均值进行填补；对于数据存在倾斜分布的情况，采用中位数进行填补。

（4）插值法填充：主要利用多重插值法、热平台插值法、随机插值法、牛顿插值、拉格朗日插值等模型进行填充，同时可以使用回归、贝叶斯、随机森林、决策树等模型对缺失数据进行预测。

（5）哑变量填充：如果变量是离散型，并且不同值较少，可转换成哑变量。某个变量如果有多个不同值，必须根据值的频数，把较小的值归为一类，以此降低维度，最大化保留变量信息。在实际操作中，首先使用 pandas.isnull.sum() 来检测各变量的缺失比例，依据具体情况选择删除或填充策略。连续型变量，一般要选择均值法或随机插值进行填充；而离散型变量，就要使用中位数或哑变量进行填充。

2. 离群点处理

异常值是数据分布的常态，处于特定分布区域或范围之外的数据通常被定义为异常或噪声。异常有两种：伪异常和真异常。由于特定的业务运营动作产生的是伪异常，它反映的是业务的正常状态，不是数据本身出现的异常；反之，不是由于业务运营产生，而是数据本身存在的异常，也就是离群点，

是真异常。

在检测离群点时，方式方法有很多。一种最直观的方法是简单统计分析。通过各分位点或箱线图识别异常值，可以利用 pandas 的 describe 函数，就可以马上发现异常值；如果数据属于正态分布，就可以应用 3σ 原则，即认为偏离均值 3σ 之外的数据点即为离群点；还有一种稳健的距离值方法，通过计算各观测值与平均值的距离总和来识别离群值的影响。这种方法通过定义对象之间的邻近性度量来判断异常对象是否远离其他对象，其计算复杂度较高，不适用于大数据集或存在不同密度区域的数据集；基于密度，关注离群点的局部密度是否显著低于其大部分近邻点，这种方法对非均匀的数据集采集很有帮助；还可利用聚类算法识别离群点，通过丢弃远离其他数据群的小数据群来分析和清理无用数据。

总的来说，在进行数据预处理时，要把离群点当作影响数据质量的异常点，而不能当作异常检测目标点处理。由此可见，采用简单直观的办法，结合 MAD 的统计和箱线图判断变量的离群点更有效。

3. 噪声处理

噪声是指实际存在的点与观察测到的点之间存在的差别，是变量的随机误差和方差，即$obs\ x=+\varepsilon$。

一般采用的办法：首先对数据采取分箱操作，等宽或等频分箱，然后根据不同数据分布，采用不同的处理方法，即用每个箱的平均数、中位数或者边界值来代替箱中所有的数，起到平滑数据的作用。此外，还可以通过建立该变量和预测变量的回归模型，再通过回归系数和预测变量，反向解出自变量的近似值。

（二）数据集成

数据集成是指把几个数据源中的数据融合并储存成一个数据库文件。这一过程中必须处理好三个难题：模式匹配、数据冗余、数据值矛盾。因为来源于不同数据源的数据在取名上存在差别，因而等额的实体线常具备不一样的名字。怎样尽快对来源于不同实体线的名称不一样的数据开展配对是处理好数据集成的关键。数据冗余正是因为数据属性取名的不一致。在处理数据冗余的过程中，能够运用皮尔逊积矩 Ra，b 来考量标值属性，绝对值越大说明彼此之间关联性越强。针对离开数据能够运用卡方检验来检验两个属性之间的关系。数据集成中最后一个难题就是数据值矛盾，具体表现为来源不一样的统一实体线具备不一样的数据值。

（三）数据规约

数据规约是指在尽可能保持数据原貌的前提下，最大限度地精减数据量，而完成该任务的必要前提是理解挖掘任务和熟悉数据本身内容。数据规约是按照语义层次结构对数据进行合并，通过规约操作，减少元组数量，进而提高计算效率。

使用数据规约技术可以得到数据集的规约表示，规约后的数据集仍大致保持原数据的完整性。这样，在规约后的数据集上挖掘将更有效，并产生相同（或几乎相同）的分析结果。同时在规约过程中提升了知识发现的起点，使得算法能够发掘更多层次的知识，满足不同应用需求。实现数据规约的办法有很多，主要包括维规约、数据压缩、数值规约、概念分层等。

（1）维规约。就是去掉关系不大的属性，以此让数据量下降，数据集得到有效压缩，同时属性数目适量减少，最小属性集要采用属性子集选择方法找出，数据类的概率分布也要最大限度运用到所有属性的原分布。

（2）数据压缩。无损和有损压缩是数据压缩的两种形式。小波变换和主要成分分析是有损数据压缩最好的方法。对稀疏或倾斜数据及具有序属性的数据有很好压缩效果的是小波变换。

（3）数值规约。数值规约就是减少数据量，大多选择可替代的、较小的数据表示形式。有参和无参是数值规约技术的两种办法。有参的数值规约技术包含回归、对数线性模型。而回归又包含线性回归和多元回归两种方式。对数线性模型即近似离散属性集中的多维概率分布。无参的数值规约技术包含了聚类、直方图和选样。

（4）概念分层。是指运用抓取，同时使用层次高的概念来代替层次低的概念，以此来定义数值属性的离散化。概念分层的作用是规约数据。通过概化，

细节虽然没了，但概化后的数据却更易理解，所需空间比原数据要少得多，也更有意义。对于数据属性，因为数据的取值范围具有多样性特征，加上数据值更新快，概念分层就更加不易。数值属性的概念分层方式很多，既可以根据数据的分布分析自动构造，如用聚类分析、分箱、直方图分析、自然划分分段和基于熵的离散化等技术生成数值概念分层，也可以由专家或用户在模式级说明属性的部分序或全序，从而进行概念分层，还可以只讲属性集，不讲偏序，由系统按照属性的不同值个数形成属性序，自动构建有实际意义的概念分层。

（四）数据变换

数据预处理的关键动作就是数据变换，采用规范化、离散化和稀疏化处理，让数据更好地服务于挖掘任务。

（1）规范化处理。不同的数据因为具有不同的特征，就具有不同的量纲和数值范围，对数据分析的结果就会产生影响。因此，按照一定比例对数据进行缩放，建在一个特定的区域里，更加有利于综合分析和比较运用，特别是对那些基于距离的挖掘方法，比如 KNN、 SVM 聚类等抓取的数据，就更加需要规范化处理和应用。

（2）离散化处理。数据离散化是指将连续的数据进行分段。分段有基于等距离、等频率或优化的方法。离散化处理是将连续的数据转换为一段段离散的区间。

常用的离散化方法包括等频法、等宽法和聚类法等。

等频法是让每个箱中的样本数量相等；等宽法是使属性的箱宽度相等；聚类法是聚类形成簇，每个簇中的数据为一个箱，簇的数量由模型给定。

有效的离散化不仅能够降低算法的时间和空间复杂度，而且还能增强抗噪声能力，提高系统的分类、聚类能力。

（3）稀疏化处理。针对离散型且标称变量，无法进行有序的 LabelEncoder 时，通常考虑将变量做 0、1 哑变量的稀疏化处理，例如动物类型变量中含有猫、狗、猪、羊四个不同值，将该变量转换成 is_ 猫、is_ 狗、is_ 猪、is_

羊四个哑变量。若是变量的不同值较多，则根据频数，将出现次数较少的值统一归为一类（rare）。稀疏化处理既有利于模型快速收敛，又能提升模型的抗噪能力。

三、大数据存储和管理技术

在数据采集完成后，另一项关键的大数据技术——大数据存储和管理技术，便发挥着举足轻重的作用。它支持关系型数据库，使用户能够便捷地存储原始数据，并实现高效的采集和使用。

人们通过使用分布式存储替代传统的集中式存储，并借助更经济的硬件设备，大幅降低了海量数据存储的成本。大数据面临的存储管理问题如下。

一是存储规模大。庞大的数据量是大数据的一个明显特征，存储规模大得都无法形容。二是数据的种类和来源多而杂。如搜索引擎服务、电子商务、社交网络、在线服务、地理信息数据、公共机构及传统企业等。由于数据大，来源途径多，数据形态呈现多种多样，导致存储管理复杂化。三是对数据管理水平和服务内容要求高。大数据增长速度快、价值密度较低、时效性要求高。有效管理、存储和分析数据，挖掘和利用数据价值，成为网络系统研究解决的重点。庞大的数据资源具有丰富的社会价值。有效管理数据，与国家、社会、企业及个人各个层面密切相关，海量数据的高效存储非常重要。当前，大数据存储、分析和处理的能力还需要不断提升，大数据相关的技术和工具还需要不断研制开发运用，数据库、数据挖掘及云计算等领域的技术也需要花更多时间和精力去研发。因此，如何提高对大数据资源的存储和整合能力，实现从大数据中发现、挖掘出有价值的信息，是当前大数据存储分析和处理技术要攻克的难题。

（一）大数据存储和管理方式

近年来，企业从大数据中受益，大幅推动支出和投资，并开始与规模更大的企业竞争，所有事实和数字的存储和管理逐渐变得更加容易。以下是有效存储和管理大数据的三种方式。

1. 不断加密

任何类型的数据对于任何一个企业来说都是至关重要的，而且通常被认为是私有的，并且在企业掌控的范围内才是安全的。然而，黑客攻击经常被覆盖在业务故障中，最新的网络攻击活动在新闻报道中不断出现。因此，许多企业很难感到安全，尤其是一些行业巨头经常成为被攻击目标。随着企业为保护资产全面开展工作，加密技术成为防范网络威胁的可行途径。将所有内容转换为代码，使用加密信息，只有收件人可以解码。如果没有其他的要求，则加密保护数据传输，增加在数字传输中有效地到达目标人群的机会。

2. 仓库存储

大数据似乎难以管理，就像一个永无休止统计数据的复杂的漩涡。因此，将信息精简到单一的位置似乎是明智的，即形成一个仓库，其中所有的数据和服务器都可以被充分地规划指定。然而，在大数据超出的情况下，企业可能会租用一个仓库来存储大量数据，这是一个临时的解决方案，而 LCP 属性提供了一些很好的机会。毕竟，企业不会立即被大量的数据所淹没，为物理机器租用仓库至少在短期内是可行的。这是一个简单有效的解决方案，但并不是永久有效的。

3. 备份服务——云端

大数据增长得很快，很可能导致世界上所有的机器和仓库都无法完全容纳它。因此，云存储服务推动了数字化转型，云计算的应用越来越广泛。数据在一个位置不再受到风险控制，并随时随地可以被访问。例如，大型云计算公司（如谷歌云）将会更多地访问基本统计信息。如果出现网络攻击，云端将以 A 迁移到 B 的方式提供独一无二的服务。

（二）大数据存储引擎

从 Bigtable 开始的各式各样的存储引擎如雨后春笋兴起，以下就是几个极具代表性的大数据存储引擎。

1. HDFS

HDFS（Hadoop Distributed File System）是一个分布式文件系统。HDFS提供了一个高容错性和高吞吐量的海量数据存储解决方案。在Hadoop的整个架构中，HDFS在MapReduce任务处理过程中提供了对文件操作和存储的支持，MapReduce在HDFS基础上实现了任务的分发、跟踪和执行等工作，并收集结果，两者相互作用，共同完成了Hadoop分布式集群的主要任务。HDFS结合parque/orc是很多OLAP分析的底层存储技术。HBase是分布式OLTP（联机事务处理）的典型代表，首先使用LSM技术，让写入数据性能大大提高。KUDU是OLTP和OLAP（联机分析处理）存储技术的集大成者，在一定程度上避免了混合模型（实时＋离线）的使用。

场景：

大规模分布式数据存储，对小文件读写相对比较困难，很多上层的OLAP引擎有搭配。

架构和实现：

HDFS架构示意图如图1-1所示。

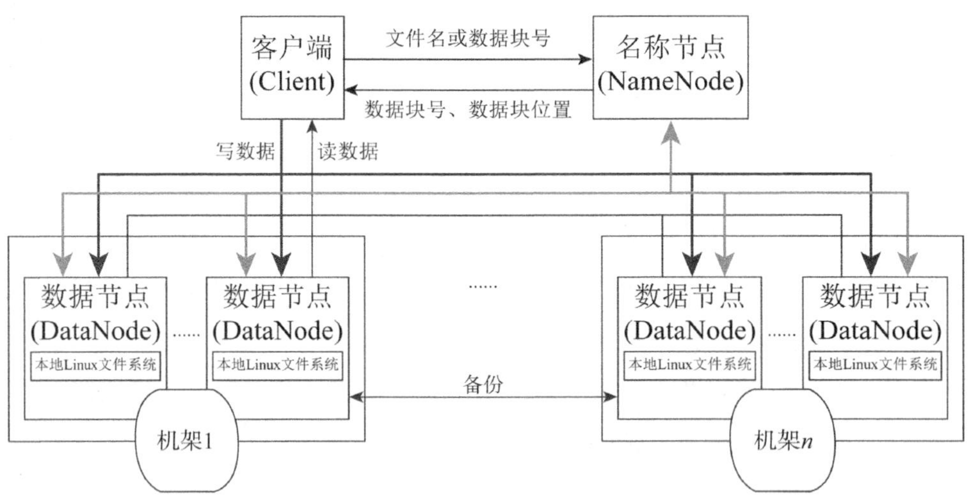

图1-1　HDFS架构示意图

特点：

HDFS比较适合对延时不敏感、吞吐量比较大的业务，另外小文件不能

太多，因为 NameNode 实际上还是一个热备单点，存储量有限。HDFS 的写的特点是多副本 ack，选择写的时候会有保证机架，机房互斥。HDFS 的读的特点是根据 NameNode 的 meta 去选择离自己最近的副本。

2. HBase

HBase 是一种构建在 HDFS 之上的分布式、面向列族的存储系统。在需要实时读写并随机访问超大规模数据集等场景下，HBase 是目前市场上主流的技术选择。HBase 技术来源于 Google 论文《Bigtable：一个结构化数据的分布式存储系统》。如同 Bigtable 利用了 Google File System 提供的分布式数据存储方式一样，HBase 在 HDFS 之上提供了类似于 Bigtable 的能力。HBase 提高了传递数据库的单点性能极限。实际上，传统的数据库解决方案，尤其是关系型数据库也可以通过复制和分区的方法来提高单点性能极限，但这些都是后知后觉的，其安装和维护都非常复杂。而 HBase 从另一个角度处理伸缩性的问题，即通过线性方式从下到上增加节点来进行扩展。（GHEMAWAT et. al，2003）

场景：

HBase 适用于大规模分布式 OLTP，可以无感知平行扩展，没有固定的 schema，增删列非常灵活，既可以通过主键查询，也可以通过关键范围扫描，由于写是顺序写，非常适合写多读少的场景。类似于 IM 的数据场景，HBase 的数据会按照 id 聚合放置，非常适合消息上拉和下拉的场景。

架构和实现：

HBase 采用传统的 master/slave 架构，如图 1-2 所示。master 部分主要有 ZK 和 HMaster，slave 部分主要是 RegionServer。ZK 的核心作用是存储 HBase 的 RegionServer 入口和范围信息，以及 schema 信息，当然还有帮助 HMaster 做选主的功能。这里读者可能会问为什么不像其他数据一样存在 DataNode 上，而要引入 ZK。其实原因就是 HBase 的数据其实是添加式的，对于频繁改动的数据，会存在多个副本，导致最后数据越来越大难以维护。像 meta 和 rootserver 的信息改动就会比较频繁，难维护。另外 ZK 有 watch 的能力，使得 client 的更新更及时，不用每次查询修改数据再去查 meta。HMaster 主要负责 HRegionServer 的分裂、迁移等。HRegionServer 主要存驻实际的数据，包括 StoreFile、MemStore 等，当然还有 HLOG 这样的 WAL。

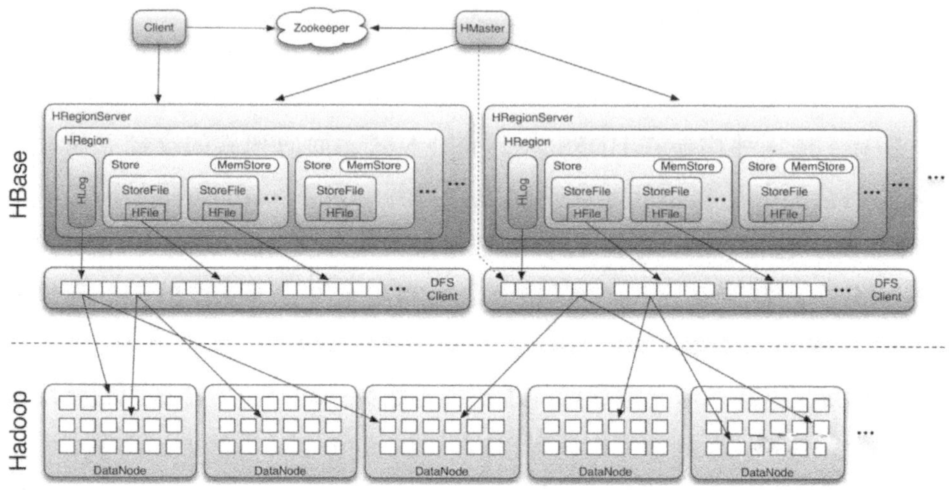

图 1-2　HBase 架构示意图

特点：

WAL 和 LSMTREE 方式使得顺序写能力很强。

HRegion 自主裂变，使得系统扩展性很好。

update 本质是重新插入数据，通过 timestamp 做版本，使得更新较多的时候，读写能力会下降。

因为 DataStore 是批量刷，所以可以通过 HDFS 这种不适合小文件的系统使用。

3. Kudu

场景：

Kudu 的核心价值在于支持 OLTP 和 OLAP 两种形态，无须考虑离线和在线两种架构。

Kudu 有固定的 schema，支持列值和主键的范围查询。

架构和实现：

Kudu 架构示意图如图 1-3 所示。

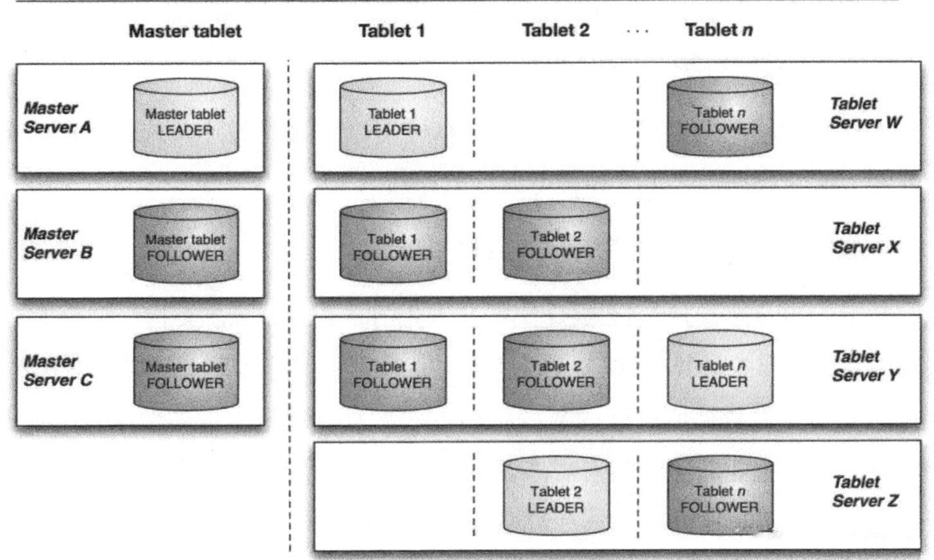

图 1-3 Kudu 架构示意图

Kudu 整体还是一个 masterslave 的架构，master 其实属于 schema 的信息和 TabletServer 的位置。slave 即 TabletServer，主要是存贮数据。Kudu 的数据和 HBase 类似，也是 WAL+LSMTREE 方式，只不过 Kudu 要保证全局主键唯一。Kudu 支持 OLAP 的能力，主要原因是 Kudu 支持按列压缩做存储。那既然这样，Kudu 怎么对数据做修改呢？ Kudu 的改和删的功能是另写一份 delta 数据，包括 undolog 和 redolog，这样既支持了 mvcc，又支持了按行更新。delta 可以按需合并，这种场景下即使更新很多，最终也只有两条数据。对比之下，HBase 就非常不友好，没做列级别的范围索引，且数据分散在很多 file 中，读取量比较大。

特点：

BaseData 的存储机制决定了每次新增数据都需要进行全面的查询，虽然采用了 bloomfilter 来降低成本，但在性能上相比 HBase 还是稍显逊色。

而 RAFT 实现存储的方式，相较于 HBase 采用的 ZK+HDFS 两种存储方式来说，显得更为简洁，尤其在小文件的存储上表现出色。

通过写入 delta 数据的方式来实现 mvcc 和增量更新，这种机制非常适合处理 OLTP 场景。

列式存储与谓词下推的结合，使得 Kudu 对 OLAP 的支持更为出色。

（三）大数据的存储路线

大数据存储，顾名思义，就是利用存储器以数据库的形式来存储所采集的数据。这一过程包含了三种典型的存储路线。

1. 基于 MPP 架构的新型数据库集群

基于 MPP 架构的新型数据库集群是采用 Shared Nothing 架构，结合 MPP 架构的高效分布式计算模式，通过列存储、粗粒度索引等多项大数据处理技术，重点面向行业大数据所展开的数据存储方式，具有低成本、高性能、高扩展性等特点，在企业分析领域有着广泛的应用。较之传统数据库，其基于 MPP 架构的 PB 级数据分析能力，有着显著的优越性。自然，MPP 数据库也成了企业新一代数据仓库的最佳选择。

2. 基于 Hadoop 的技术扩展和封装

基于 Hadoop 的技术扩展和封装，是针对传统关系型数据库难以处理的数据和场景（针对非结构化数据的存储和计算等），利用 Hadoop 开源优势及相关特性（善于处理非结构、半结构化数据，复杂的 ETL 流程，复杂的数据挖掘和计算模型等），衍生出相关大数据技术的过程。伴随着技术进步，其应用场景也将逐步扩大。目前，其最为典型的应用场景是通过扩展和封装 Hadoop 来实现对互联网大数据存储、分析的支撑，其中涉及了几十种 NoSQL 技术。

3. 大数据一体机

大数据一体机是一种专为大数据的分析处理而设计的软硬件结合的产品。它由一组集成的服务器、存储设备、操作系统、数据库管理系统，以及为数据查询、处理、分析而预安装和优化的软件组成，具有良好的稳定性和纵向扩展性。

目前，原有的存储模式已经跟不上时代的步伐，无法满足数据时代的需求，

导致信息处理技术无法承载信息的负荷量。这就需要对数据的存储技术和存储模式进行创新与研究，以跟上数字化存储技术的发展步伐，给用户提供一个良好的数据存储体验。

四、大数据处理技术

大数据处理技术包括分布式计算、存储器计算、数据流处理、服务器集群。

（一）分布式计算

对于如何处理大数据，计算机科学界有两种方式。一种方式是集中式计算，通过持续增加处理器的量，强化每个计算机的算力，以此优化处理数据的速率。另一种方式是分布式计算，即以“组”为单位把计算机相互连接通过网络组装成分散系统，再把需要处理的大数据拆分成多个单位，让分散系统内的计算机组一起计算，然后将这些计算结果分析处理，获得最终数据。虽然分散系统内的每个计算机个体算力不是很强，但每个计算机只算一部分数据，并且是多台计算机一起计算，所以对分散系统而言，其整体的计算分析处理数据的效率远远高于集中式计算技术的单台计算机。其实在大数据兴起之前，分布式计算技术已经问世，但由于分布式计算理论晦涩难懂，技术难以掌握，一直没有被广泛应用。后来经过多家互联网公司长时间的运营实践，分布式技术才日渐成熟，受到追捧。多数大企业和经融机构都在用集中式计算方式处理大数据。但由于集中式大型机存在价格过高这一难题，互联网公司还是把开发研究重点放在了成本相对较低的分布式计算机上。分布式计算技术能够解决许多分配到多台计算机的小任务。现在，以 Hadoop 体系和 Google 体系为主要构建的分布式计算框架已成为大数据处理技术的主要力量。

（二）存储器计算

存储器计算方法解决了数据有效读取和联机实时数据处理问题。存储器计算方法是将大量数据放入存储器进行查询和运算分析。智能变电站中的存储计算技术借助大数据处理技术可以缩短在工作中对大量磁盘的读写时间，进而加快数据资料的计算速度。

（三）数据流处理

数据流处理技术能够解决实时、连续、不可控的数据流问题。数据流处理的方法就是把连续的数据数组作为数据流进行处理，在处理结果发生后立即返回处理结果，及时进行计算、分析和提交最新数据。

（四）服务器集群

服务器集群是一种提升服务器整体计算能力的解决方案。它是由互相连接在一起的服务器群组成的一个并行式或分布式系统。由于服务器集群中的服务器运行同一种计算任务，从外部看，这群服务器表现为一台虚拟的服务器，对外提供统一的服务。尽管单台服务器的运算能力有限，但是将成百上千的服务器组成服务器集群后，整个系统就具备了强大的运算能力，可以支持大数据分析的运算负荷。Google、Amazon、阿里巴巴的计算中心的服务器集群都达到了 5000 台服务器的规模。

（五）其他代表性大数据处理技术

1. MapReduce

2003—2004 年，Google 发表了关于 MapReduce（DEAN et. al，2004）、GFS（Google File System）和 Bigtable 的三篇技术论文，提出了一套全新的分布式计算理论。MapReduce 是分布式计算框架，GFS 是分布式文件系统，Bigtable 是基于 GFS 的数据存储系统，这三大组件组成了 Google 的分布式计算模型。Google 的分布式计算模型相比于传统的分布式计算模型有三大优势：简化了传统的分布式计算理论，降低了技术实现的难度，可以进行实际的应用。这一技术可以应用在廉价的计算设备上，只需增加计算设备的数量就可以提升整体的计算能力，应用成本十分低。该技术被应用在 Google 的计算中心，取得了很好的效果，有了实际应用的证明。

2. Sqoop

Sqoop（发音：skup）作为一款开源的离线数据传输工具，主要用于

Hadoop（Hive）与传统数据库（MySQL、PostgreSQL）间的数据传递。它可以将一个关系型数据库中的数据导入 Hadoop 的 HDFS，也可以将 HDFS 中的数据导入关系型数据库。

3. Flume

Flume是由Cloudera开发的一个分布式海量日志采集、聚合和传输的系统，是进行实时数据采集的一个开源大框架。Flume 可以收集类似日志、商品及物流等诸多数据并将这些数据集中存储起来供下游企业使用。而 Scribe 是一个类似于 Flume 的日志收集系统，为日志数据的分布式收集和分析处理提供了平台。

4. Kafka

由于 Flume 采集数据与下游处理数据，在时速上不同步，因此实时平台架构都会用一个信息中间件缓冲，Kafka 就很好地解决了这一问题。Kafka 是由 LinkedIn 提供的分布式消息系统，水平扩展能力和高吞吐率令人惊叹，因而被广泛运用。Storm 和 Spark 等一些主流开源分布式处理系统都支持与 Kafka 集成。Kafka 还是一个速度快、可扩展且持久的分布式消息发布、订阅的系统。与其他消息发布、订阅系统一样， Kafka 可在主题中保存收集到的数据信息。如生产者向主题中录入数据，消费者则从主题中阅读并运用数据。

5. Hive

MapReduce 是把处理大数据的工作让普通开发人员来做，而 Hive 是将处理和分析大数据的工作交给数据分析师、数据开发工程师、业务分析人员和算法工程师等实际的数据使用人员去完成。Hive 是由 Facebook 开发并交给 Hadoop 开源社区的，是一个建立在 Hadoop 体系结构上的一层 SQL 抽象。Hive 为 Hadoop 文件中的数据集进行查询、分析和处理提供了一些便利有效的工具。它可以帮助那些熟悉 SQL 的用户处理和查询 Hadoop 的数据，因为它具有支持类似于传统关系型数据库管理系统的 SQL 的查询语言，这种查询语言被叫作 HiveSQL。而 HiveSQL 实际上是先通过 SQL 解析器进行解析，再被 Hive 的框架解析成一个 MapReduce 可执行计划，最后按照该计划生产 MapReduce 任务后，交给 Hadoop 进行集群处理。

6. Spark

尽管 MapReduce 和 Hive 具有完成海量数据的大多数批处理技术，并且被大多数大数据时代企业作为首选，但是其数据查询存在着延迟的致命弱点，同时其十分不适合迭代计算和 DAG 计算。Spark 具有可伸缩、基于内存计算的特点，并且能直接读写 Hadoop 上任何格式的数据，还可以满足数据即时查询、完成迭代分析的需求，受到更多企业青睐。

7. Storm

MapReduce、Hive 和 Spark 是离线和准实时数据处理的主要工具，而 Storm 是实时处理数据的工具。Storm 是 Twitter 开源的一个类似于 Hadoop 的实时数据处理框架。Storm 对于实时计算的意义相当于 Hadoop 对于批处理的意义。Hadoop 提供了 Map 和 Reduce 原语，使对数据进行批处理变得非常简单。同样，Storm 也对数据的实时计算提供了简单的 Spout 和 Bolt 原语。Storm 集群表面上和 Hadoop 集群非常像，但是在 Hadoop 上运行的是 MapReduce 的 Job，而在 Storm 上运行的是 Topology（拓扑）。Storm 的 Topology 拓扑任务和 Hadoop MapReduce 的 Job 区别在于：一个 Job 在最后会不再运行，而 Topology 则会永不停止地工作。Storm 等实时任务的资源使用相比离线 MapReduce 任务更多、更艰巨，实时任务一直占有资源直到被封杀，而离线任务运行完就会释放掉所使用的计算、内存等资源。这就是 Storm 具有分布式、低延迟、可扩展、高容错等特性，可以保证消息不丢失的优势所在。正因为此，Storm、类 Storm 或基于 Storm 抽象的框架技术成为更多互联网企业用于进行实时处理、流处理领域主要采用的技术。

8. Flink

在数据处理领域有两种不同的任务：批处理和实时流计算。人们设计一个数据项目时，往往只负责设计成只处理一种任务，如 Storm 设计成只是支持流处理，而 MapReduce、Hive 等设计成只支持批处理。而 Apache Flink 作

为开源数据平台，既可以面向分布式实时流处理，也可以批量进行数据处理，它能基于同一个Flink运行时，具有支持流处理和批处理两种类型应用的功能。基于同一个Flink运行时，Flink分别提供了流处理和批处理API，而这两种API也是实现上层面向流处理、批处理类型应用框架的根本。Flink在实现流处理和批处理时，从另一个视角看待流处理和批处理，并将二者和谐统一起来。当作流处理看待时，输入数据流是无界的；而批处理被视为特殊的流处理，把输入数据流当作是有界的。

9. Beam

Google开源的Beam在Flink基础上更进了一步，不但希望统一批处理和流处理，而且希望统一大数据处理范式和标准。Apache Beam项目重点在于数据处理的编程范式和接口定义，并不涉及具体执行引擎的实现。Apache Beam希望基于Beam开发的数据处理程序可以执行在任意的分布式计算引擎上。Apache Beam主要由BeamSDK和BeamRunner组成，BeamSDK定义了开发分布式数据处理任务业务逻辑的API接口，生成的分布式数据处理任务Pipeline交给具体的BeamRunner执行引擎。

五、大数据分析技术

数据分析指的是通过利用适当的统计分析方法，对所收集来的大量数据进行系统分析，提取出有用信息，形成结论并对数据加以更为详细的研究，概括总结的相关过程。在统计学领域里，数据分析被划分为描述性统计分析、探索性数据分析、验证性数据分析。探索性数据分析的侧重点是在数据中发现新的特征，而验证性数据分析的侧重点在于对已有假设的证实或者证伪。常用的大数据分析方法有以下几种。

（一）基于机器学习的大数据分析

机器学习相关算法包括K–近邻算法、决策树、朴素贝叶斯、逻辑回归与梯度下降、支持向量机、AdaBoost算法、线性回归算法、Apriori算法、FP-growth算法、主成分分析和奇异值分解。（隋丽娜等，2021）

1. 聚类分析

大数据聚类作为所有算法中最难的部分，不仅需要跨学科、跨领域，而且还需要跨媒体，这使得相关研究受到了越来越多的关注。聚类分析指将物理或抽象对象的集合分组成为由类似的对象组成的多个类。聚类是将数据分类到不同的类或者簇，所以同一个类或者簇中的对象有很大的相似性，而不同类或者簇间的对象有很大的相异性。聚类分析是一种探索性分析，在分类的过程中，不需要事先给出一个分类标准，聚类分析能够从样本数据出发，自动进行分类。

目前，我国大数据分析大多采用的都是传统的聚类算法，但是大数据聚类由于其复杂度和困难度较高，传统的聚类算法根本不能直接应用到大数据聚类当中，因此引用了 Mapreduce 和 K-means 两种算法。以 Mapreduce 为基础的大数据聚类算法，可以通过分布式来实现，并且应用这种算法，可以从根本上降低大数据聚类的复杂程度，更好地增加数据的延展性，而且可以将计算时间最小化，同时对计算机硬件也没有太高的要求。而 K-means 作为比较经典的一种算法，有着非常广泛的应用范围，可以在一定程度上提高数据的处理速度。

2. 关联分析

大数据关联分析的另一个名字叫作关联挖掘，它的主要作用就是在众多的数据中找到关于项目集合或者对象之间的合适模式以及关联性和因果结构，它是目前大数据技术当中主要的发掘技术之一。

目前，我国对大数据关联的研究主要关注 Apriori 关联规则和频繁模式增长，而且关联规则挖掘在我国有着非常广泛的应用领域，日常生活中的数值分析以及日志分析和智能交通等都可以运用到关联规则挖掘。例如，在对出租车轨迹的研究中，利用关联规则挖掘可以对汽车的故障进行实时诊断，并且还能够在一定程度上避免因为模式数过大而导致的计算速度过慢的问题。在未来，关联挖掘算法在我国会有更加广泛的应用，因为它的主要作用是对已经存在的算法进行并行化处理，这更能符合我国未来大数据的发展趋势。

3. 大数据分类

大数据分类也是大数据挖掘中的一个重要方法，而且大数据分类广泛，存在于各种行业中，就连网络入侵检测和医疗诊断当中，也有大数据分类的身影。

大数据分类是挖掘信息的一项非常重要的方法，无论是何种数据，它的分类问题一直都是人们所关注的一个重点，而大数据分类也被应用在社会各个方面。近年来，我国的大数据分类研究开始逐渐由简单的数据过渡到分布式数据集，各种各样的算法都需要跟随大数据整体环境的改变而改变，所以分类算法也面临着非常严峻的挑战。在这样的时代背景下，一些传统的分类方法已经跟不上大数据的发展，以机器学习为基础的大数据分类是我国目前研究的主要方面。在未来，有关大数据分类的应用会越来越显著，因此，大数据分类在各个领域都面临着非常严峻的挑战。

4. 预测分析

预测分析是大数据分析最重要的应用领域之一，通过结合多种高级分析功能（统计分析、预测建模、数据挖掘、文本分析、实体分析、优化、实时评分、机器学习等），达到预测不确定事件的目的，帮助用户分析结构化和非结构化数据中的趋势、模式和关系，并运用这些指标来预测将来事件，为采取措施提供依据。

大数据预测是整个大数据分析技术中的核心内容。大数据预测可以在很多行业中发挥作用，最常见的就是价格预测元素分析以及电力负荷预测等，这都可以为行业后续的发展提供非常有力的数据支持。预测分析是一种统计或数据挖掘的综合性解决方案，包含了一系列可以在结构化和非结构化数据中应用的算法和技术，旨在确定未来可能的结果。这种解决方案可广泛部署于预测、优化、预报和模拟等多种场景。随着当前硬件和软件技术的不断发展，众多企业正积极利用大数据技术来收集庞大的数据集、训练模型、优化模型，并发布预测模型，旨在提升业务运营效率或规避潜在风险。

目前，市场上最受欢迎的预测分析工具之一是 IBM 的 SPSS。SPSS 作为一款集数据录入、整理、分析功能于一体的综合性工具，已经得到了广大用户的认可。用户可以根据自己的实际需求以及计算机的性能，灵活选择所需的模块。SPSS 的分析结果展现清晰、直观，且易于学习和使用。此外，它还能够直接读取 Excel 和 DBF 等数据文件，从而便于用户在不同操作系统下的计算机上应用。

大数据预测是我国目前针对人工智能技术的主要研究内容，它可以应用到很多行业当中。但是目前我国的大数据预测研究还面临着两个非常困难的挑战：第一就是如何能够在预测过程中快速获得一个趋势轮廓，而且还需要保证数据的精确性；第二就是有越来越多的数据呈几何倍数增长，很难在其中找到有价值的信息。和日常生活关联最紧密的例子就是对监控视频中有用价值的寻找。在几个小时甚至是几天的监控视频中，能够为我们所用的数据可能只有几秒，那么该如何在这样庞大的信息数据中找到我们所需要的价值，就是我国大数据预测当中存在的主要挑战。（蔡敏，2022）

（二）基于深度学习的大数据分析

深度学习是由加拿大一位教授在某期刊上提出的。后来，基于深度学习的大数据分析成为机器学习的一个非常瞩目的研究领域，而且深度学习也是机器学习方法之一，它通过对图像、语音以及语言等处理的应用，对人工智能的发展有着非常重要的作用。而且在人工智能当中，深度学习是需要经过训练的，它归属于计算密集型任务。

1. MapReduce 分布式深度学习

MapReduce 是主流的分布式计算框架之一。基于 MapReduce 实现传统聚类算法的并行运算是大数据分析的一类重要方法，其主要思想为首先针对大规模数据进行数据分块简化处理，再将处理结果合并，即基于 MapReduce 分布式计算框架实现了数据的并行化。Zhao 等（2009）基于 Hadoop 平台实现了经典的 K–means 聚类算法，整个过程主要分成 Map、Combine 和 Reduce 三段。Gao 等（2010）用 MapReduce 编程框架实现了自底向上的凝聚式层次聚类分析（Agglomerative Hierarchical Clustering，AHC）算法，提升了文本聚类的准确率和召回率。He 等（2011）基于 MapReduce 实现了具有噪声的基于

密度的聚类方法（Density-Based Spatial Clustering of Applications with Noise，DBSCAN），主要包括数据预处理、局部 DBSCAN、获取需要合并的集群、全局进行集群处理四个阶段，并将其应用于轨迹聚类。

2. Spark 分布式深度学习

Spark 分布式深度学习是基于 Spark 计算技术和大数据储存空间来展开计算，因此更加适用于迭代性的计算，这种方法是目前较为适用的深度学习模型和分布式深度学习算法。招燕（2020）针对 Spark 的深度学习算法展开研究，其为了实现 Spark 的分布式深度学习，采用了构建玻尔兹曼机模型的方式，通过实值对大数据环境中数据训练所消耗的时间进行进一步优化，弥补了耗时不足的缺点，并提出了具有针对性的解决对策，这种解决对策能够帮助大数据分析完成对内存计算平台的并行深度学习算法，并且充分利用了 Spark 平台的优势。吕凤亚（2020）提出了 BP 算法的相关对策与措施，并且针对 BP 算法与 Spark 算法之间的关联性展开研究，其认为这种方式能够有助于 Spark 算法提升速度，完成分布式的收敛。汤小春（2023）提出了利用 Spark 平台来构建深度学习模型实现分布式学习，这样能够从根本上提升深度学习模型的能力与效率，在极大程度上减少算法所存在的缺陷与失误，其所研究的方法目前能够大幅度减少移动大数据行为识别的错误结果，因此被大多数学术专家所认可。Li 等（2016）结合大数据分布式平台 Spark 实现了卷积神经网络，并通过批归一化技术和多交叉测试来修正卷积神经网络，提升了 ImageNet 数据集的分类性能并缩短了时间。

（三）基于计算智能的大数据分析

它是人工智能中一个非常受关注的分支，因为计算智能自身有着启发式和随机性这两个特点，可以更好地解决大规模问题。在我国的传统发展中，优化算法主要都采用集中式设计思想，在运算的过程中，需要顾及收敛性和收敛速度，但是如果面对一些大规模数据优化或者处理问题，传统的集中式设计就无法进行处理或者处理起来非常耗时，但是如果应用计算智能来进行大数据分析，就可以很好地解决这种大规模的数据处理问题。

1. 人工神经网络

人工神经网络是一种在模仿动物神经系统前提下而实现的分布式信息处理模型，拥有良好的非线性映射能力和容错性，是一种十分关键的计算智能算法。人工神经网络并不需要掌握任何先验知识，和传统计算方式相比，约束条件相对较少。从大数据角度来看，设备传感器、社交网络以及搜索引擎等的数据都是持续变化的，因此无法像学习算法一样在过去数据中建立起训练集。另外，数据规模增大与数据产生的速度也会导致数据无法实现一次性导入。面对这样的问题，需要利用深度在线学习方法，每次分析只需要一个样本数据来更新目标函数即可。在此基础上，感知器也是一种十分传统的在线学习模型，是人工神经网络的重要结构，对于任何一种训练样本，感知器都可以通过预测结果来判断是否更新和连接权重。如果预测结果正确，那么权重将会不变。否则，就需要结合输入样本特征来更新。在理论方面，这样的更新手段拥有较低的错误率，经过标准化之后的训练样本将会与最短距离平方成反比。

2. 模糊系统

在大数据使用过程中，数据很容易受精度和随机性等非可控因素影响，最终会导致大部分数据表现出一定的模糊性。除了在采集期间导入模糊性之外，在实际使用过程中数据也会具备固定模糊性，例如电商网站和服务点评网站等的用户可以根据自己的感受来发表言论，这些信息都很难用简单逻辑来表达，重点是要表达其中的不确定性，用语言来表述更加详细的模糊概念。对模糊系统的研究属于一种模糊现象，这样的模糊性通常存在于事物的差异性方面，概念外延也因此具有一定的不分明性，而使推理结果的可解释性更强。因此，模糊系统是一种应用十分广泛的计算智能算法。从语言变量描述角度来看模糊系统拥有非常明显的应用价值。

3. 演化计算与群体智能

以遗传演算为基础的演化计算和粒子群优化等为代表的群体智能计算方法，是应对复杂问题的重要手段。在实际应用中，它们的优点在于，不仅

可以快速解决一些十分困难的问题，同时还可以解决约简问题，进而有效解决数据量庞大的困扰。遗传算法自身不需要先验知识，目前已广泛应用于解决复杂问题。此外，遗传算法还能够进行数据简化。因为加强决策力和流程优化能力是大数据分析过程中的重要目标之一，所以智能算法拥有比传统计算方法更广的应用空间。差异目标优化如今已成为演化计算的重要研究方向。（程聪等，2020）

六、其他大数据分析方法

1. 计算分析

计算分析是一些软件内所具有的一个中心功能，比如说假设性的查验等，可以帮助用户分析出现某一种数据现象的原因。

2. 因子分析

所谓因子分析，是指研究从变量群中提取共性因子的统计技术。因子分析就是从大量的数据中寻找内在的联系，减少决策的困难。因子分析的方法有 10 多种，如影像分析法、重心法、最大似然法、最小平方法、α 抽因法、拉奥典型抽因法等。

3. 回归分析

回归分析就是指研究一个随机变量对另一个或一组变量的相依关系的统计分析方法。回归分析是确定两种或两种以上变量间相互依赖的定量关系的一种统计分析方法。回归分析运用十分广泛，按照涉及的自变量的多少，可分为一元回归分析和多元回归分析；按照自变量和因变量之间的关系类型，可分为线性回归分析和非线性回归分析。

4. 相关性分析

相关性分析是指研究某一种数据现象和另外一种数据现象之间存在怎样的关系。相关性分析通过数据的增长减少变化等可以分析出二者之间的关系。

5. 方差分析

方差分析就是用于两个及两个以上样本均数差别的显著性检验。由于各种因素的影响，研究所得的数据呈现波动状。方差分析是从观测变量的方差入手，研究诸多控制变量中哪些变量是对观测变量有显著影响的变量。

6. 对应分析

对应分析是通过分析由定性变量构成的交互汇总表来揭示变量间的联系。对应分析可以揭示同一变量的各个类别之间的差异，也可以揭示不同变量各个类别之间的对应关系。对应分析的基本思想是将一个联列表的行和列中各元素的比例结构以点的形式在较低维的空间中表示出来。

7. 流式分析

流式计算作为当前业界研究的热点领域，近年来吸引了众多企业的关注。Twitter、LinkedIn 等公司相继推出了开源的流式计算系统，如 Storm 和 Kafka，而 Yahoo 之前也开源了 S4 系统。这些开源项目的推出进一步推动了流式计算在互联网领域的研究和应用。

流式分析作为一种关键技术，能够对多个高吞吐量的数据源进行实时清洗、聚合和分析。它满足了在社交网站、博客、电子邮件、视频、新闻、电话记录、传输数据以及电子感应器等领域中，对数字格式的信息流进行快速处理并反馈的需求。

目前，市场上存在众多大数据流分析平台，其中包括开源的 Spark 以及 IBM 推出的 Streams 等。这些平台提供了强大的流式计算和分析能力，为企业提供了丰富的选择。

8. 可视化分析

可视化分析指借助图形化手段，清晰并有效传达与沟通信息的分析手段。它主要应用于海量数据关联分析，即借助可视化数据分析平台，对分散异构数据进行关联分析，并做出完整分析图表，具有简单、直观、易接受的特点。

9. 数据挖掘算法

数据挖掘算法是大数据算法的核心理念，数据挖掘算法有很多，但不同算法，会因为不同的数据类型和格式，数据特点就会各异。无论哪种形式的算法，但创建模型的过程却是相似的。首先要分析用户提供的数据，再根据特定类型的模式和趋势查找，创建最合适的数据挖掘模型，然后利用模型对数据进行试探和计算，提取详细可用的数据信息。

10. 语义引擎

语义引擎指通过为已有数据添加语义的操作，以此让广大用户在互联网上的搜索体验更加完美。

11. 数据质量管理

指在大数据采集、分析、共享、应用、筛选等过程中，可能造成的各类数据质量问题，有效地进行辨别、考量、监测和预警等，进一步提升数据质量，为更多人服务。

当下，应更加重视人工智能技术基础上的大数据分析方法，并且充分理解人工智能技术下大数据分析的应用领域。大数据分析、聚类关联以及预测和分类都会朝着更加智能的方向发展。

第四节　前沿大数据技术

一、预测分析

预测分析是一种统计或数据挖掘解决方案，包含一系列可在结构化和非结构化数据中使用以确定未来结果的算法和技术。这种解决方案不仅可应用于预测、优化、预报和模拟等多种场景，而且在企业决策、市场营销、客户关系管理、金融风险管理、生产计划、物联网、医疗保健及交通运输等多个领域都有着广泛的应用。

预测分析通过分析和建模现有的数据，帮助企业预测未来的市场趋势、客户需求、销售额、生产成本等，从而制定更好的业务决策。例如，在市场营销中，预测分析可以预测市场趋势和消费者行为，为制定更精准的市场营销策略提供有力支持；在金融领域，预测分析可以帮助金融机构预测贷款违约、信用卡欺诈等风险，从而制定更有效的风险管理策略。

预测分析的核心在于捕获解释变量之间的关系和过去发生的预测变量，并利用它们来预测未知结果。这为企业提供了关键洞察，有助于评审和权衡潜在决策的影响力，并采取预防措施来应对未来可能出现的问题。

目前，市场上存在多种预测分析工具，如 RapidMiner、SAS、SPSS 和 KNIME 等。这些工具提供了强大的数据处理和分析能力，为预测分析提供了重要的技术支持。

总的来说，预测分析是一种强大而灵活的工具，可以帮助企业更好地理解和应对未来的不确定性，制定更有效的业务策略，提高业务运营效率，降低风险，从而在激烈的市场竞争中保持优势地位。

二、NoSQL 数据库

非关系型数据库包括 Key-value 型（Redis）数据库、文档型（MonogoDB）数据库、图型（Neo4j）数据库等。虽然 NoSQL 流行语火起来才短短一年的时间，但是不可否认，现在已经开始了第二代运动。尽管早期的堆栈代码只能算是一种实验，然而现在的系统已经更加成熟、稳定。

三、搜索和认知商业

当今时代，大数据分析已经发展到一个新的高度，进入认知时代。认知时代不再是简单的数据分析与展示，更多的是上升到一个利用数据来支撑人机交互的一种模式，例如围棋大战就是一个很好的应用。现今，大数据分析已经逐步推广到机器人的应用上面，也就是下一个经济爆发点——人工智能。互联网人都比较熟悉国内的 BAT，以及国外的 Apple、Google、FaceBook、IBM、微软、亚马逊等，它们未来的商业布局全是往人工智能方向发展的。当然，目前在认知商业这一块，IBM 当属领头羊，特别是当前主推的 watson 这个产品，

已经取得了非常棒的效果。

四、流式分析

目前，流式计算是业界研究的一个热点，最近 Twitter、LinkedIn 等公司相继开源了流式计算系统 Storm、Kafka 等，加上 Yahoo 之前开源的 S4 系统，流式计算研究在互联网领域持续升温。流式分析可以对多个高吞吐量的数据源进行实时的清洗、聚合和分析；对存在于社交网站、博客、电子邮件、视频、新闻、电话记录、传输数据、电子感应器中的数字格式的信息流进行快速处理并反馈。目前，大数据流式分析平台有很多，如开源的 Spark，以及 IBM 的 Streams。

五、内存数据结构

通过动态随机内存访问（DRAM）、Flash 和 SSD 等分布式存储系统提供海量数据的低延时访问和处理。

六、分布式存储系统

分布式存储是指存储节点大于一个、数据保存多副本以及高性能的计算网络。它利用多台存储服务器分担存储负荷，利用位置服务器定位存储信息，不但提高了系统的可靠性、可用性和存取效率，还易于扩展。

七、数据可视化

数据可视化是指对各类型数据源（包括 Hadoop 上的海量数据以及实时和接近实时的分布式数据）进行显示。当前，国内外数据分析展示的产品很多，如果是企业单位以及政府单位建议使用 Cognos，因为它安全、稳定、功能强大、支持大数据，是一个非常不错的选择。

八、数据整合

使用亚马逊弹性 MR（EMR）、Hive、Pig、Spark、MapReduce、Couchbase、Hadoop 和 MongoDB 等软件可进行业务数据整合。

九、数据预处理

数据预处理是指对数据源进行清洗、裁剪，并共享多样化数据，加快数据分析。

十、数据校验

数据校验是指对分布式存储系统和数据库上的海量、高频率数据集进行数据校验，去除非法数据，补全缺失。目前，数据整合、处理、校验已经被统称为 ETL。ETL 可以对结构化数据以及非结构化数据进行清洗、抽取，转换成所需要的数据，同时还可以保障数据的安全性以及完整性。关于 ETL 的产品推荐，首选 Datastage，它可以完美处理任何数据源。

第二章 大数据旅游与技术应用

在数字化时代的浪潮中，旅游业与前沿科技的融合已成为推动行业创新发展的关键力量。这种融合不仅改变了旅游业的传统模式，更在学术层面上引发了深刻的变革和讨论。

本章深入剖析旅游与前沿科技之间的内在联系与互动机制。通过系统的文献综述和案例研究，探讨人工智能、物联网、区块链、虚拟现实与增强现实等前沿科技在旅游业中的应用及其影响。同时，结合旅游学、信息技术学、数据科学等多个学科的理论框架，对这些科技在旅游业中的实际效果进行深入分析。此外，还将关注前沿科技在旅游业中所带来的伦理、隐私和安全等挑战，并从学术角度提出应对策略和建议。强调在享受科技带来的便利与效益的同时，必须关注其潜在的负面影响，并寻求平衡发展的路径。（张军爱，2020）

第一节 人工智能技术与旅游服务创新

人工智能（Artificial Intelligence，AI）技术在旅游服务中的深度应用，正重塑着整个旅游行业的面貌。借助强大的数据处理能力和学习优化算法，人工智能技术能够精准捕捉并分析游客的旅游偏好、消费习惯及行为模式，从而为他们提供高度个性化的旅游推荐和咨询服务。这不仅体现在目的地选择、活动安排和餐饮住宿预订上，还体现在深入旅游过程中的导航、翻译、紧急救援等环节。通过自动化和智能化的服务流程，人工智能技术显著提升了旅游服务的效率和便捷性，为游客带来了更加流畅和愉悦的旅游体验。同时，人工智能技术还为从事旅游的企业提供了宝贵的市场洞察和决策上的支持，助力企业精准把握市场需求，优化运营策略，提升服务质量和客户满意度。尽管在实际应用中仍面临着数据隐私保护、算法公平性等挑战，但随着技术的不断进步和法规的完善，人工智能技术将会为旅游服务创新注入强大动力，推动旅游业向更加智能、高效和人性化的方向迈进。

一、智能客服与旅游咨询

随着人工智能技术的飞速发展，智能客服已成为旅游服务领域的一大亮点，为游客提供了前所未有的便捷和高效体验。通过先进的自然语言处理和机器学习算法，智能客服能够准确识别游客的意图和需求，并提供快速、个性化的服务响应。无论是旅游咨询、预订、投诉，还是紧急救援，智能客服都能迅速给予游客满意的答复和解决方案。

智能客服的出现，不仅简化了旅游服务流程，还提高了服务质量和效率。游客不再需要等待人工客服的回应，而是可以通过智能客服随时随地获取旅游信息和帮助。此外，智能客服还能根据游客的历史记录和偏好，主动向游客推荐合适的旅游产品和服务，为游客带来更加个性化的旅游体验。

可以说，智能客服的引入为旅游服务领域带来了革命性的变革。它不仅提升了游客的满意度和忠诚度，还为旅游企业降低了成本，提高了运营效率。随着技术的不断进步，智能客服将继续引领旅游服务的新风尚，为游客带来更加智能、便捷和个性化的旅游体验。

二、智能推荐与个性化旅游

随着人工智能技术的深入应用，智能推荐系统已成为个性化旅游服务的核心。这些系统利用大数据分析和机器学习算法，深入挖掘游客的旅游偏好、兴趣点、消费习惯等信息，为每位游客提供量身定制的旅游推荐。

智能推荐系统不仅能为游客推荐合适的旅游目的地、活动、餐饮和住宿，

还能根据游客的实时反馈和行为数据，动态调整推荐内容，确保每位游客都能获得满足其需求的旅游体验。此外，智能推荐系统还能预测游客可能感兴趣的景点和活动，引导他们探索更多未知的旅行乐趣。

个性化旅游的核心在于为游客提供独特而难忘的体验。智能推荐系统通过精准匹配游客的喜好和需求，使旅游服务更加贴心和个性化。游客不再需要花费大量时间和精力去筛选和规划旅行，只需依赖智能推荐系统，就能轻松获得符合其期望的旅游体验。

三、人工智能技术在旅游安全管理中的应用

随着旅游业的繁荣，旅游安全管理变得愈发重要。传统的安全管理方式可能难以应对大规模的游客流动和各种突发状况，但人工智能技术的引入为这一领域带来了前所未有的机遇。

（一）实时监控与预警系统

通过部署智能监控摄像头和传感器，旅游景区的实时监控与预警系统能够实时捕捉和分析各种数据，如游客流量、车辆流动、天气变化等情况。结合人工智能技术，这些系统可以自动识别异常行为或潜在的安全隐患，如人群聚集、车辆拥堵、恶劣天气等，并立即向管理人员发送预警信息。这样，管理人员可以迅速作出响应，采取必要的措施，防止或减少安全事故的发生。

（二）个性化风险评估与提示

人工智能技术可以通过分析游客的旅游行为和偏好，预测他们可能面临的安全风险。例如，对于喜欢冒险或户外活动的游客，系统可以提醒他们注意防晒、防蚊虫叮咬等；对于老年人或身体有残疾的游客，系统可以提示他们注意交通安全、避免长时间站立等。此外，系统还可以根据游客的实时位置和活动，为他们提供个性化的安全建议，如避开拥挤区域、选择安全的交通方式等。

（三）智能应急预案与演练

人工智能技术可以帮助旅游企业制定更加科学和有效的应急预案。通过对历史安全事故的数据分析和模式识别，系统可以预测未来可能发生的安全风险，

并为企业提供针对性的预案建议。同时，人工智能技术还可以模拟各种紧急情况下的应对过程和结果，帮助企业进行预案的演练和优化。这样，在真正的突发事件发生时，企业可以更加快速、准确地应对，最大限度地减少损失。

（四）智能安防巡逻与辅助决策

人工智能技术可以与旅游景区的安防巡逻系统相结合，实现自动化的巡逻和监控。通过智能分析，系统可以识别出需要重点关注的区域和时间段，为巡逻人员提供科学的巡逻路线和时间安排。此外，系统还可以根据实时安全数据和预警信息，为管理人员提供辅助决策支持，如调整游客流量、加强安全措施等。

第二节　物联网技术与旅游设施智能化

在信息技术高速发展的当下，物联网技术已成为推动社会进步的关键驱动力之一。特别是在旅游业，物联网技术的广泛应用与旅游设施的智能化改造，不仅为游客带来了前所未有的便捷与舒适体验，同时也为旅游企业带来了运营效率的提升和成本的优化。本节将深入探讨物联网技术如何与旅游设施相结合，实现智能化升级，以及这一趋势如何为旅游业带来深远影响。

一、旅游景区的物联网技术应用

随着物联网技术的飞速发展，旅游景区也开始积极探索其在这一领域的应用。物联网通过无线传感网络、RFID（无线射频识别）、GPS（全球定位系统）等技术手段，为旅游景区带来了前所未有的智能化和便捷化体验。

物联网技术为旅游景区提供了智能化的导览服务。游客可以通过智能手机或其他终端设备，实时获取景区的地图、景点介绍、活动安排等信息。同时，物联网技术还可以实现语音导览功能，为游客提供更加生动、详细的讲解服务。这种智能化的导览方式不仅提升了游客的游览体验，还有效减轻了导游的工作压力。

物联网技术为旅游景区的安全管理提供了有力支持。通过部署各种传感器和监控设备，景区可以实时监测游客流量、车辆流动、环境变化等数据，及时发现潜在的安全隐患，并采取必要的措施进行处理。此外，物联网技术还可以与应急管理系统相结合，实现自动化的预警和应急响应，提高景区应对突发事件的能力。

物联网技术还可以应用于旅游景区的节能减排和环境监测。通过实时监测和分析景区的能源消耗和环境质量数据，景区可以更加精准地进行能源管理和环境优化，降低运营成本，同时也为游客提供更加舒适、健康的旅游环境。

二、酒店与民宿的物联网技术应用

物联网技术在酒店与民宿领域的应用日益广泛，不仅提升了住宿体验，也提高了运营效率。通过物联网技术，酒店与民宿可以实现客房的智能化管理，为客人提供更加个性化和舒适的服务。

在客房内部，物联网技术可以实现灯光、空调、窗帘等设备的自动控制。客人可以通过智能手机或语音助手来调节房间内的温度和光线，甚至可以预设起床时间，让窗帘在指定时间自动打开，让清晨的阳光洒满房间。这种智能化的环境控制不仅提高了住宿的舒适度，也为客人带来了家的温馨感。

此外，物联网技术还可以应用于酒店与民宿的安全管理。通过安装智能门锁、烟雾报警器等设备，酒店与民宿可以实时监控客房的安全状况，及时发现并处理潜在的安全隐患。同时，这些设备还可以与酒店的安保系统相连，实现全方位的安全保障。

在运营效率方面，物联网技术也可以帮助酒店与民宿实现智能化管理。通过实时监测客房的使用情况和设备的运行状态，酒店与民宿可以更加精准地进行资源分配和维护，提高运营效率，降低成本。

三、旅游交通的物联网技术应用

物联网技术在旅游交通领域的应用正在改变着人们的出行方式和交通管理模式。通过物联网技术，旅游交通不仅能够提供更为便捷、安全的出行服务，还能够实现更加智能、高效的交通管理。

物联网技术可以应用于旅游交通工具的智能化升级。例如，通过安装智能传感器和控制系统，旅游大巴、出租车等交通工具可以实现自动驾驶、智能导航、实时监控等功能。这不仅提高了交通工具的安全性和舒适性，也为游客提供了更加便捷、个性化的出行服务。

物联网技术可以实现旅游交通的智能化管理。通过实时监测和分析交通流量、路况等数据，物联网技术可以帮助交通管理部门制定更加科学、合理的交通规划和管理策略。同时，物联网技术还可以与旅游服务平台相结合，为游客提供实时的交通信息、路况预测等服务，帮助他们更好地规划出行路线和时间。

此外，物联网技术还可以应用于旅游景区的智能交通系统建设。通过部署智能交通设施和设备，景区可以实现车辆智能调度、游客流量监测、紧急救援等功能，提高景区的交通效率和安全性。

第三节　区块链技术与旅游信任机制构建

在旅游业蓬勃发展的当下，信任机制的构建成了一个不容忽视的议题。区块链技术作为一种去中心化、高度安全的分布式账本技术，为旅游业的信任机制构建带来了革命性的机遇。通过区块链技术，我们可以重塑旅游业的信任基石，确保游客与旅游企业之间的交易和信息传递更加透明、可信。

一、区块链技术在旅游行业的应用场景

区块链技术可以应用于旅游产品的溯源管理。去中心化、数据不可篡改和高度安全性等是区块链技术的特征，为旅游行业带来了诸多创新性的应用场景。传统的旅游产品溯源往往依赖于中心化的数据库，存在数据篡改和信任缺失的问题。而利用区块链的去中心化特性，旅游产品的生产、加工、销售等全过程信息可以被永久记录，确保消费者能够追溯到产品的真实来源，提高消费者的信任度。

区块链技术可以用于构建旅游行业的信任评价系统。通过智能合约和去中心化的评价机制，游客可以对旅游服务进行评价，而评价数据将被永久存储在区块链上，确保评价的公正性和真实性。这不仅提高了评价的透明度，也为旅游企业提供了更加可靠的信誉积累机制。

此外，区块链技术还可以应用于旅游支付和结算领域。通过区块链的加密货币和智能合约技术，游客可以在旅游过程中实现安全、便捷的支付和结算，降低交易风险和成本。

二、区块链技术可以提升旅游业的信任度

信任是旅游业的核心要素之一。然而，由于信息不对称、欺诈行为以及传统中心化机制的不透明性，信任缺失问题在旅游行业中屡见不鲜。区块链技术的引入，为旅游业带来了重塑信任机制的机会。

区块链技术的不可篡改性确保了交易和数据的真实性。一旦信息被记录在区块链上，便无法被篡改或删除，这意味着游客可以确信所获取的旅游信息、评价以及交易记录是真实可靠的。区块链技术的这种特性大大减小了虚假宣传和欺诈行为的可能性，增强了游客对旅游企业和产品的信任感。

区块链技术的去中心化特点打破了传统中心化机构的垄断，降低了单点故障的风险。传统的旅游信任机制往往依赖于中心化的第三方机构进行身份验证、评价审核等，但这些机构可能因各种原因而失去公信力或遭受攻击。而区块链技术使得这些过程变得去中心化，由网络中的多个节点共同参与和验证，提高了系统的鲁棒性和可信度。

智能合约的自动执行特性也提高了旅游交易的信任度。当满足规定的条款时，旅游智能合约就会自动执行相应的操作，这意味着旅游交易可以更加透明、公正地进行，减小了人为干预和欺诈的可能性。例如，游客可以通过智能合约预订酒店或机票，并在满足条件时自动完成支付和结算，无须担心被欺诈或遭受不公平待遇。

三、区块链技术在旅游供应链管理中的应用

旅游供应链涉及多个环节和多方参与者，包括酒店、航空公司、旅行社、

景区等，其管理和协调的复杂性一直是行业面临的挑战。区块链技术的引入，为旅游供应链管理带来了创新性的解决方案。

区块链技术通过建立一个去中心化的、分布式的账本，可以实现供应链各环节之间的信息透明和共享。无论是供应商、生产商、分销商还是最终消费者，都可以通过这个账本实时查看和验证产品的来源、生产过程、运输状态等信息。这大大减小了信息不对称和欺诈行为发生的可能性，增强了各方之间的信任。

区块链的智能合约功能可以实现供应链的自动化管理和优化。当满足特定条款时，旅游智能合约就会自动执行相应操作。例如，当旅游产品的库存低于某个阈值时，智能合约可以自动触发补货操作，确保供应链的持续稳定运行。这种自动化管理不仅提高了供应链的效率和响应速度，还降低了人为错误和人为干预的可能性。

区块链的加密技术和数据安全特性也可以保障旅游供应链的信息安全。在传统的供应链管理模式中，信息泄露和被篡改的风险较高。而区块链技术通过加密算法和数据加密存储，确保了供应链信息的安全性和完整性。必须经过授权才能访问和修改数据，这极大降低了数据泄露或被篡改的风险。

第四节　虚拟现实（VR）与增强现实（AR）技术在旅游体验中的应用

随着科技的飞速发展，虚拟现实（Virtual Reality，VR）与增强现实（Augmented Reality，AR）技术已逐渐成为塑造未来旅游体验的关键力量。它们不仅打破了传统旅游的时空限制，还通过提供沉浸式、交互式的体验，让游客能够以前所未有的方式探索和感知旅游目的地。本节将深入探讨VR与AR技术在旅游体验中的应用，以及它们如何为游客带来更加丰富、生动和个性化的旅程。

一、VR与AR技术在旅游营销中的应用

在VR实景技术的应用下，虽然虚拟旅游可以带来身临其境式的观光效果，

但其依然与实地旅游存在着很大的差异。因此，可以利用虚拟旅游为传统旅游进行营销，为各地的旅游景点带来更多的游客流量。也就是在旅游产品宣传时，可以将虚拟旅游作为一种创新的营销模式，让用户通过虚拟化平台进行旅游体验，了解旅游景区的休闲环境及优势，为景区招揽游客。

在虚拟化营销模式下，景区还可以将当地特色景观文化、土特产等渗透到虚拟旅游场景文化中，从而创造性地构建景区的 VR 虚拟景观结构及内涵，然后通过多种形式的宣传方式，为大家提供景区的 VR 全景虚拟旅游视频，使景区的观光、休闲优势能够被更直接、更全面地展现给消费者，吸引其前往景区游览参观。这种营销模式能够帮助景区降低营销成本，达到更好的景区旅游营销效果。（巩云飞等，2020）

随着科技的发展， VR 与 AR 技术正逐渐渗透到旅游营销领域，为旅游行业带来前所未有的变革。VR 与 AR 技术的应用不仅为旅游企业提供了更加生动、直观的展示方式，同时也为游客带来了更加沉浸式的旅游体验。

在旅游营销中，VR 与 AR 技术可以被用来打造虚拟旅游场景，让游客在决定出行前就能对目的地有一个全面、深入的了解。这种技术可以模拟出真实场景中的环境、氛围和互动，让游客仿佛置身于旅游目的地之中，从而激发他们对旅游的兴趣和期待。

此外，VR 与 AR 技术还可以为旅游企业提供更加多样化的营销手段。通过结合社交媒体、线上广告等渠道，旅游企业可以将 VR 与 AR 内容推送给目标用户，让他们在娱乐的同时，也能接收到旅游产品的信息。这种创新性的营销方式不仅能够吸引用户的注意力，还能打造品牌形象和提升知名度。

二、基于 VR 全景技术的在线虚拟旅游平台的应用

（一）在历史文化博物馆服务中的应用

在 VR 全景技术下，人们不仅可以打破时间、空间对旅游观光活动的限制，还可以在固定的时间段，通过虚拟旅游平台，游览不同历史文化时期下景观的面貌。因此，将在线虚拟旅游平台应用到历史文化博物馆的服务中，可以帮助参观者更加全面、直观地感受历史文化为区域、景观带来的变迁，以提升博物馆的文化服务效果。在此过程中，可以针对区域文化博物馆、展览馆，

开放在线虚拟旅游平台，将区域文化变迁，以当地各旅游景点变化的 VR 全景影像形式，展现给参观者，提升区域历史文化宣传效果，而且这种宣传方式较为新颖，具有极大的吸引力。

VR 全景内容更新相较于展品更新更加容易，博物馆可以通过更新 VR 全景内容，持续性地为游客带来新鲜感，有助于博物馆、展览馆游客黏性的增强。同时，展览馆还可以利用 VR 全景技术下的虚拟旅游平台，向游客展示由于种种原因在馆藏期间不方便公开展览的藏品。例如，2018 年，故宫博物院推出了 VR 全景虚拟旅游服务。在该项服务中，故宫博物院构建了“养心殿”的 VR 全景场景，游客可以借助虚拟旅游平台，走入养心殿，并通过触感手套，将未开放展览的文物摆件托在掌心触摸欣赏，同时平台的文物故事介绍功能会启动，并向参观者予以详细的解说，给游客带来美好的参观体验。（陈旭等，2020）

（二）在优化旅游服务体验中的应用

文旅产业建设、乡村振兴等相关政策、战略在我国产业结构升级转型的背景下相继推出，极大地提高了传统旅游业的热度，但过度营销、强制购物、服务态度粗暴等不良现象依然无法彻底从旅游业中消失。在线虚拟旅游平台的应用，不仅能够消除上述痛点为旅游业带来的困境，而且还可以借助 VR 全景技术，保证游客的旅游体验效果。

在此过程中，基于 VR 全景技术的虚拟旅游平台在优化旅游服务体验方面的作用，还体现在帮助用户消除因身体条件限制无法实现旅游的遗憾，同时，还能够通过虚拟旅游实现对一些气候极端或条件恶劣地区的游览。例如，游客可以通过虚拟旅游软件欣赏珠穆朗玛峰的壮丽景色。因此，在线虚拟旅游平台不仅为传统旅游业带来了新的发展机遇，更为广大游客提供了一种全新的、更为安全便捷的出游方式。（李杨等，2020）

三、VR 与 AR 技术在旅游产品设计中的应用

特色旅游文化及工艺美术馆藏品丰富多样，但展示空间的局限以及馆藏品的限制性展览，对特色旅游文化的展示及工艺美术馆藏品的观展都造成了

一定的制约。如何更好地呈现特色旅游文化及工艺美术馆藏品，在观展规模受限的情况下提升观展体验与文化传播效果，这正是 AR 技术发挥作用之处。

借助 VR 与 AR 技术，可以对特色旅游文化及工艺美术馆藏品进行互动设计。在大数据和 5G 网络系统的支持下，观众能够通过移动设备，对展品进行 360 度查看，同时实现细节放大、聆听特色介绍。

这些前沿的数字虚拟技术为特色旅游文化的发展注入了新的活力，同时为游客带来了即时、有趣且互动性强的体验，使特色旅游文化更具魅力。

如今，文化创意产品已成为旅游景点的时尚潮流，博物馆文化、地方特色文化、非物质文化遗产等都是文创产品设计的热点。为了让这些文创产品吸引消费者，除了常规的视觉设计外，还应该探索多维度的设计思路。

例如，在展示地方特色文化时，可以结合重要历史遗迹或文物进行文创产品的设计，如书签、明信片、钥匙扣、鼠标垫等。除了传统的图形图像印刷，还可以运用 AR 三维成像技术，将图形转化为立体动态图像。消费者使用手机或平板电脑等移动设备，即可查看三维图像并听到相关的讲解，以此更加全面深入地了解历史遗迹或文物的文化内涵。

此外，借助 AR 技术，可在文创产品中实现交互化和游戏化设计。通过三维成像技术与动画技术的结合，消费者在欣赏虚拟图像的同时，也能体验到融入动画场景的增强现实效果。这种新颖的展示和互动体验将会大大激发游客的购买欲，为特色旅游文化的发展增添新的动力。

第三章 大数据与旅游业的关系及应用

第一节　大数据与旅游业的融合

在现代旅游管理中，大数据具有许多优势。对大数据进行挖掘与利用，能够更加精准地把握市场动态，提升服务质量，从而推动整个旅游行业的持续健康发展。因此，大数据在现代旅游管理中的应用不仅具有必要性，更展现出其独特的价值和潜力。

一、旅游数据信息的获取来源

在获取旅游信息方面，旅游企业可通过多个途径实现。一是通过一些大型在线服务商获取信息。这些在线服务商不仅能够为用户提供相应的旅游信息，同时还是旅游者需求信息的来源。二是通过网络社交平台获取相关数据信息。如今，网络社交平台的应用十分广泛，许多游客都愿意将自己的旅游经历分享到网络社交平台上，在各大网络社交平台上都可以获得一手的旅游信息资源。三是通过相关部门或者企业自身的一些智慧旅游设备收集数据信息。对旅游数据信息进行分析，能够发现旅游的淡季和旺季，并且能够掌握消费者的一些旅游喜好，这些数据都能够直观地展现出旅游行业的未来发展趋势。

旅游企业在发展过程中，可以以这些数据为基础来对发展模式进行优化和创新，也可以在原有的基础上衍生出更多新的服务，这些服务可以更加精

准地满足游客的相关需求，这样能够从总体上增强旅游企业的竞争力。旅游行业在发展过程中和其他行业存在一定的区别，其对信息资源的需求量非常大，如果一个旅游企业在发展过程中无法精准掌握数据信息，则注定会被社会所淘汰。在未来的发展过程中，旅游企业间的竞争会进一步演化为数据信息间的竞争。

二、大数据被应用在现代旅游管理中存在的问题

（一）基础设施不足

近些年，智慧旅游管理模式的建设已经取得了一些成效。但是，智慧旅游管理模式的建设还处在初级阶段，而最明显的不足就是基础设施的建设不完善。我国大多数旅游景点还没有完全覆盖无线网络，缺少信息化建设的意识，只有小部分旅游景点实施了无线网络的全面覆盖。因此，我国在智慧旅游管理模式的建设过程中要完善基础设施建设。无线网络的不完全覆盖，也对大数据平台的监测能力造成了很大影响。部分景区的信息设备不完善，相关部门和旅游企业无法对游客在旅游过程中产生的数据信息进行有效保护，所以，可能会发生信息泄露的问题，存在一定的安全隐患。

（二）大数据技术还不够成熟

随着旅游业的快速发展，大数据被广泛应用在旅游管理中。但由于大数据技术还不成熟，大数据技术的发展还落后于旅游行业的整体发展，在进行数据库信息存储和共享的过程中仍然存在许多不足。而且目前大数据技术的智能化水平还不够高，这些问题都会在一定程度上影响现代旅游管理工作的有效开展。

（三）信息安全保障技术不够先进

大数据应用于旅游企业管理工作之中，由于大数据信息安全性不够，在运营的过程中可能会出现隐私泄露问题。因此要加强信息安全保障技术的提升和应用，建立健全旅游大数据信息安全保障体系，增强旅游数据信息的安全性和稳定性。

（四）信息共享和数据整合难以实现

通过调研分析发现，无法实现信息共享是我国在建设智慧旅游管理模式过程中存在的最大问题。由于智慧旅游平台在庞大的数据库中无法提炼到有用的信息，从而无法实现信息共享，导致信息数据的利用率不高。智慧旅游平台无法实现的又一难题是数据整合，导致大数据中的信息数据作用就难以发挥。利用大数据技术收集信息数据是建设智慧旅游管理模式的关键，但是，在信息数据收集的过程中，信息的真实性和有效性堪忧，对信息及时更新和处理也做得不到位，造成了信息无效的局面，也致使信息共享无法实现。

（五）缺乏完善的安全规范体系

有效规范每个环节是旅游行业非常重要的安全内容。从制度到职责，从数据采集到信息共享，层层都要严格管理、规范管理。

（六）人才支持不足

大数据技术是基于互联网与计算机发展起来的新兴技术，所以，在建设智慧旅游管理模式的过程中需要大量的专业技术人才。随着社会经济的发展，我国旅游业的发展水平也在不断提高，加强人才的教育，对人才进行针对性培养就显得尤为重要。

三、大数据对旅游业的影响

（一）改变了用户传统的消费模式

互联网在生活中的不断普及，加大了人们对互联网的依赖程度，互联网已经影响到人们生活的各个方面。尤其是旅游方面，如对于旅游欲望的产生、旅游目的地的选择、旅游攻略的制定等，人们所需的信息大多是从网上获取的，大数据平台为人们提供了这种服务。

（二）对旅游经营者产生了影响

对于旅游经营者来说，大数据平台改变了用户和旅游经营者之间传统的互动模式，不管距离相隔多远，双方都能够实时地进行沟通。消费者可以从

旅游经营者那里获取旅游相关的信息，而旅游经营者也可以得到消费者最真实、最有针对性的反馈信息。使得旅游经营者可以及时调整经营策略，改变经营内容。

第二节 大数据在旅游业中的应用

一、大数据在旅游景区中的应用

（一）大数据在景区智慧营销中的应用

创新营销手段可以让旅游企业走出困境。若要智慧旅游营销达到良好的营销效果，就必须充分利用大数据技术。继续沿用传统的营销模式，不仅难以提升营销有效性，也无法量化考核营销效果，对旅游企业的发展会造成一定的阻碍。智慧旅游营销，必须基于大数据技术之上，转变老旧的营销模式，通过 O2O 模式替代 B2B 模式，结合用户的实际需求实施精准营销，确保所提供的产品和服务都是用户实际所需的，以此来提升用户的满意度，增加销量，培养更多忠诚用户，为今后的长久发展奠定良好基础。（牛媛，2022）

对旅游统计数据进行分析，可以更好地了解旅游市场发展现状，实时掌握旅游行业发展动态，更加精准地进行市场定位。利用大数据技术对旅游统计数据进行深度挖掘，可以了解不同年龄阶段人群对旅游的需求。旅游企业可以根据旅游统计的结果，结合本景区旅游特色，策划针对性更强的旅游产品，制定更具特色的营销主题，吸引更多游客前来观光旅游。旅游统计数据分析结果可以为旅游企业营销渠道的选择提供可靠的数据依据，从而扩大旅游企业的营销途径，使旅游企业获得更大的经济效益。利用旅游大数据分析平台对游客需求进行调查，深度挖掘数据背后的价值，从而为准确定位旅游品牌产品、制定宣传策划提供更为精准的分析结果，以此来提升地方旅游的宣传推广效果，吸引更大的游客流量。

1. 旅游营销模型

（1）目的地营销要以游客为核心。游客市场研究、旅游目的地营销组织与方式、旅游目的地形象研究、旅游目的地营销信息技术与渠道是国内旅游目的地营销研究划分的四个方面。对于形象的系统、感应及自主的信息源，游客的情感、认知、意动的心理范围，构建、投射与感知目的地形象等研究模型，其营销目标的核心其实都是对游客需求的研究，目的地营销工作的核心是游客。

（2）AIDA 模型在旅游营销中的应用。如果把旅游营销过程看成向潜在游客推介旅游资源的过程，那么就要将游客的注意、兴趣、渴望、行动作为当前促成消费者到旅游目的地的主要研究因素。其目的是让潜在游客注意到已有的旅游产品和资源，对旅游产品、资源产生兴趣，并让他们对提供的旅游产品、资源产生想体验的愿望，刺激潜在游客的旅行意向，使他们采取实际前往体验的行动。

（3）引入 FABE 法。基于 AIDA 模型提供的逻辑框架，FABE 法引入特质、优势、利益、证明等因素，让游客产生旅行冲动的诉求得以实现，同时又能更有针对性地以每个游客的核心利益为出发点制定旅游营销策略。在旅游营销中，特质指的是旅游资源的特征、特色，而旅游资源的特质可以给游客提供好的感受。该旅游资源有哪些优势，该旅游资源如何满足游客的观光需求，该旅游资源能给游客带来怎样的好处和游览体验，如何用合理的方式向游客证明等都是 FABE 法的应用思路。

2. 旅游营销策略

（1）科学构建智慧旅游线上产品营销体系。旅游企业的业务核心都在实体服务，与技术本身没有很明确的融合点。在智慧旅游发展的背景下，旅游企业要积极利用科技手段解决自身诉求，加大数字化建设的资金投入，利用互联网和数字化充分挖掘线上产品的品质化，实现线上抢注意力、线下抢消费力。旅游企业要利用智慧旅游系统积极打造“网红打卡地”，从而牢牢抓住目标用户的需求，用好新媒体平台，借助新技术手段，利用优质内容反复触达目标用户。线上产品要展现现实性的内容，才能够帮助旅游企业吸引消

费者。旅游企业只有以数字化思维洞察用户、创作内容、设计线上产品，根据客户需求推出符合自身特点的“云旅游”“网红打卡地”等新型旅游方式，经营流量，把“网红”变成“长红”，从流量到“留量”，从交易到经营，才能建立起属于自己的金字招牌，才能更有效地影响消费者的购买决策。（李晓华，2021）

（2）充分利用热门短视频平台进行线上营销。为了紧跟时代潮流，旅游企业需充分利用热门短视频平台进行线上营销，进行短视频营销规划和设计，并培养专门的短视频营销人才。此外，旅游企业可以注册一个专门的官方账号，也可由各旅游景区景点创建所属官方账号，再发布短视频和进行在线直播，将自己的独特思想和产品推广出去，与游客分享、互动，让人们在家中就能感受到旅游地的精神、文化与魅力。

①分阶段打造旅游主播。打造本地旅游主播是一个长期且需要耐心的过程，可以划分为三个阶段。第一阶段，着力打造少数优质旅游博主，定期发布具有强烈体验感的旅游相关视频，从民俗、饮食、住宿、音乐等多个方面进行内容铺排。第二阶段，可以借助其他“网红”进行引流，使更多人关注到这些优质旅游博主。第三阶段，在积累了足够的优质内容后，应趁热打铁，将这些博主打造成真正的旅游“网红”。这不仅需要吸引粉丝关注这些账号，更需要将粉丝转化为对旅游产品真正感兴趣的用户。主播可以提供专业的旅游攻略、服务以及优惠活动，使线上线下紧密结合。同时，这些官方旅游博主在宣传上可以各有侧重，但在提供线上销售服务时，应保持一致的收费标准。

②结合传播目标拍摄创意短视频。对于追求高知名度和强曝光的视频，应具备“病毒式营销”的特点。在旅游品牌中寻找具有吸引力的元素，可以是重大事件的片段，也可以是某一特定时间段的精美画面。但更重要的是，这些短视频需要包含能够引发观众互动和共鸣的有趣点。当旅游品牌知名度达到一定水平后，应更加注重深化观众对旅游品牌的认知。此时的短视频可以更加多元，只要是能够展示旅游地人文特色的内容，都可以成为创作的素材。（曾庆红等，2020）

③打造精品短视频，树立旅游品牌形象。在当今旅游营销领域，短视频

已成为展示旅游目的地魅力的重要手段。为了提升旅游品牌的知名度和影响力，需要不断丰富短视频的内容，确保其质量上乘。深入挖掘旅游目的地的独特之处，展示其风土人情、自然景观和历史文化，为观众带来全新的视觉体验。

在打造精品短视频的过程中，团队协作至关重要，单打独斗难以使短视频作品在海量视频中脱颖而出，而一个高效的团队能够集思广益，共同策划、拍摄和剪辑出高质量的短视频作品。团队协作可以更好地捕捉旅游目的地的精彩瞬间，呈现其独特的魅力。

短视频平台在视频内容的监管和引导方面扮演着重要角色。为了避免旅游目的地形象恶化及负能量的传播，短视频平台需要加强对视频内容的审核和管理，确保所发布的内容真实、客观、积极。同时，短视频平台还可以通过推荐优质短视频、举办短视频大赛等方式，进一步推动旅游品牌的传播和发展。（齐德芳，2020）

（3）开展高效的多元化跨界营销。在这一过程中，平台与政府、企业的多元化融合显得尤为关键。跨界营销可以实现资源的互补与共享，达到强强联合的效果，进一步提升旅游营销的整体水平。

具体到乡村旅游目的地的营销，可以多角度地利用病毒式营销方式。例如，区县政府和乡村旅游企业可以与抖音平台及“网红”进行深入合作，利用抖音平台的广泛传播力以及“网红”的粉丝基础，将乡村旅游的魅力迅速传递给更多潜在游客，实现病毒式传播的效果。

各区县单位的官方抖音账号之间也可以建立合作关系，相互协作，转发彼此的短视频内容。这种传播联动不仅能够提高视频的宣传点击率和转发率，更能够形成一种多方面共同发力、互为补充的旅游营销模式。跨界营销不仅可以提升乡村旅游的知名度和影响力，还能够为游客提供更加丰富、多元的旅游体验。

（4）创新多种营销形式和内容。营销形式及宣传方式要从单一的全景形式介绍延伸到线下体验馆。景区可以在商圈、广场、公园等人流密集场所建设景区游览体验站为景区打开知名度，提升旅游业的影响力。

（5）针对不同平台创新营销手段。一是运营旅游电子商务网站。在旅游电子商务网站进行主题旅游首页推荐，开展一系列主题旅游活动，借助旅游城市地方特色设计合理的旅游线路并且在旅游电子商务网站上进行推荐。此外，还可以实施门票优惠活动，如提供一些折扣或优惠套餐。二是运营官方微博账号。每一个旅游景点都可以建立自己的微博账号并且在新浪微博上进行官方认证，置顶相关旅游攻略的博文，加强对微博账号的长期运营，对旅游信息进行及时更新。还可以开展旅游品牌微博推广活动，使用官方微博发布具有城市特色的旅游相关话题，@行业内的关键意见领袖进行微博话题的转发，吸引网民参与活动并发布相关话题的博文，对参与活动的网民进行一些适当奖励。此外，也可以利用旅游微电影进行宣传。拍摄城市相关微电影发布到微博上，利用微博的转发功能进行推广。微电影可引发受众强烈的情感共鸣，其说服力、传播力和营销效果更好，加上微博强大的转发扩散功能，能实现更强的营销效果。三是借助微信功能增加粉丝数量。可以通过微信扫一扫等功能来吸引更多微信用户成为公众号的粉丝。也可以在旅游景点门口附上景点的微信账号，不仅可以给旅途中的游客提供旅游信息，也可以作为宣传营销的一种方式。除了提供旅游信息，微信公众平台也可以推出订票服务。人们在出行旅游时希望能够获得一种便利的一站式服务，提供便利服务能让潜在的消费者产生更大的购买欲望，也能够提高游客对景区服务的满意度和口碑。打造线上线下环形营销。旅游业是以消费者体验为主导的行业，要将线上营销与线下体验相结合，通过在微信公众平台上发布相关的旅游主题活动来推动游客的线下体验，并且将体验反馈到微信公众平台上，成为新的一轮营销宣传点。加强与粉丝互动。许多微信账号都是自动回复式的，缺少互动，应该适当加入人工回复，增强与用户的互动，给用户留下良好的印象。（汪竹等，2021）

（6）实现精准营销，进行舆情管理。旅游市场尤其是散客市场获得高速发展的情况下，游客的需求更加多样和分散，利用游客历史旅游数据和在不同网络渠道留下的痕迹，运用大数据分析技术从海量实时的信息中提取客户的需求数据，对不同用户属性信息及用户兴趣偏好等数据进行挖掘分析，对用户偏好进行画像，可以更好地了解游客的需求，挖掘潜在的客户群体和客户需求，进行游客需求管理的预测，满足游客的个性化需求；根据用户标签和所在场景进行用户化的产品设计，更好地进行旅游产品设计和市场推广，使营销手段实现 O2O 模式，实现精准营销的目标；基于网络文本数据的挖掘，进行游客满意度和评价指数分析等，实现对旅游目的地舆情监测及预警。景区依托大数据信息技术，主动获取游客信息，形成游客数据积累和分析体系，全面了解游客的需求变化和意见建议，实现营销的科学决策和科学管理。（龚花等，2020）

（二）大数据在景区智慧管理中的应用

在旅游智慧管理过程中，旅游企业可以通过智慧大数据平台，对景区实行全方位监测，同时与多个部门联合，形成联动协作机制，利用旅游大数据分析结果，强化景区预警机制，以增强景区的应急管理能力，确保游客的旅游安全性和体验舒适性。第一，对景区游客人数进行实时统计，通过对景区实时容量进行对比，判断游客数量是否超过设定阈值，一旦游客数量超载，要及时进行预警，并采取有效措施，对游客进行疏导，最大限度地避免出现不良影响。第二，对景区主要地点进行统计监测，如景区出入口、停车场等地，及时掌握其实时动态，排除安全隐患，提高景区旅游安全性。第三，对景区投诉情况进行实时监测，并对其投诉内容进行深度挖掘，从中分析游客服务需求，一方面为提高景区服务质量提供依据，另一方面助力相关部门对旅游业的监管。（周效东等，2017）

1. 景区内部管理策略

（1）智能化管理旅游景点门票售卖。智能化的售票系统不仅提高了旅游效率，也是智能化旅游的重要组成部分，使景区与时俱进，实现可持续发展。在购票系统中合理整合二维码技术，实现购票、验票同时进行，不仅减小了景区售票窗口工作人员的工作量，而且实现了无纸无墨的环保模式。利用射频技术结合指纹识别，使得个人二维码更加安全。实行二维码电子票制，能有效防止黄牛倒票和人为逃票现象。

（2）科学控制旅游景点游客动态。注重以公众信息为起点，使游客能够通过网络信息了解景区的实时状况。相较于传统的数据挖掘方法，大数据技术背景下的数据更精确，能全面、准确地反映景区不同时段游客的流动情况，将其旅游资源相结合，可以体现景区的承载能力，便于提高对景区可开发空间的认识。针对景区的客流量情况，景区可以采用数据统计方式进行区域游客调控、分散，使游客随时可以通过手机终端了解景区内的实时游客动态，使游客能够合理安排行程，充分享受旅游带来的乐趣。（贾娜娜，2021）

（3）构建一体化数据平台。建立数据中心能够为管理层提供全方位多维度的统计、分析、预测数据，帮助景区云景管理者多方面了解游客的旅游需求，制定多样化的营销策略，更好地推动当地景区旅游业发展。优化智慧旅游系统，建立智慧景区全域旅游＋生活服务平台功能，全天候、全方位覆盖多个智能终端，全面提升旅游全产业链综合体验。（张俊杰等，2021）

（4）构建景区智能安防系统。当游客进入景区之后，部署在景区内部的各个红外摄像探头会将视频信号实时传送到景区的监控数据中心，显示并保存起来。当有游客破坏景区公共财产时，景区监控数据中心的人员将会发现异常，提示报警。同时，景区中每一个景点都会安装安防系统报警器，信号也会接入监控数据中心。

（5）搭建景区人流监测系统。现在许多景区都有监控预警控制平台，当景区单日客流达到最大流量时，系统会在客流达到设置的客流值时自动报警，票务管理系统提示人流达到高峰值，停止卖票。先利用红外传感器对人流进行实时监测，红外传感器发出红外线，当人体经过这一区域时，切断红外线，进行计数；再利用远程服务器将人流量数据实时上传到服务器，服务器与手机上的软件或者小程序连接，使得游客可以及时地查看景点的人流量的最新情况，获取最近的、用时最短的观景路线，避免因为人流量大而浪费时间，提高观景体验，同时减少了安全隐患。但是这种方式存在一定的弊端，如果在人流量多、拥挤的地方，很多游客同时切断红外线，则可能出现计数错误或者漏记的情况，导致计数结果存在一定的误差，所以需要用到图像处理、视频处理技术，使用计数算法，利用人流的变化、图像的传动计数。采用这种方法得到的计数结果就比较精确，还可以用于景区内拥挤的地方。如果统计整个景区全天的出入游客次数则可在景区出入口通过射频识别技术检票系统统计。（谭凌霄等，2021）

（6）建立旅游预警系统。随着旅游需求不断增加，由于旅游需求时空分布的集中性，导致旅游高峰期一般集中在假期的热点景区，游客扎堆出行会给景区带来很大的安全隐患。通过整合基于区域经济数据、通信及位置数据、互联网搜索数据、社交媒体数据等不同来源的数据，可以建立更加及时准确的多维预警系统，完善旅游安全机制。在大数据时代，景区可根据 LBS 定位及手机信号定位等实时的数据分析对景区及重点区域内实时的游客人流、车流密度进行监控和预警，实时监测景区动态，能够有效防范旅游安全事故的发生，并为景区规划和管理提供依据。景区可通过与公安、交通、工商、卫生、质检等部门形成信息共享和协作联动，结合旅游信息数据进行有效的游客管理，形成旅游预测预警机制，提高应急管理能力，保障旅游安全。（龚花等，2020）

（7）建立景区环境监测系统。环境是旅游业生存和发展的物质基础，直接影响着旅游业的可持续发展。景区环境质量监测系统有空气质量监控与预警系统、噪声自动监测系统、污水监测系统、生物监测系统、地质监测系统、火灾监测与预警系统和游客行为监测系统等，可应用的技术为 GIS 技术、红外热成像技术和生物监测技术。（何静等，2020）

（8）运用大数据技术提升智能化管理水平。传统的旅游公共信息服务产品为旅游咨询热线、旅游咨询服务中心、政府旅游政务网站、旅游集散中心等。为适应当下散客的信息需求，应充分利用物联网、大数据、云计算、虚拟现实等技术，结合人工智能，利用各种移动终端设备，开发各类旅游公共信息服务产品，建立与游客及时沟通交流的互动平台，消除信息壁垒，打通信息交流渠道，保证区域内旅游信息实现一体化呈现和管理。此外，通过大数据技术不断提高旅游咨询服务中心、旅游咨询热线及各类旅游 App 的管理水平，确保信息及时有效，且能提供更符合散客需求的信息内容。（刘杨蒂，2020）

2. 景区游客管理策略

（1）建立智能景区游客智能分析系统和满意度反馈系统。在游客进入景区，使用景区网络和设备时，系统自主收集游客客源地信息，利用视频成像收集游客年龄、性别等信息，通过游客购物统计出游客消费水平，进而估算出游客经济收入概况等，利用购买门票所持身份证件，整体上把握每个游客的信息，最后汇总整理。当游客在某个时间段内保持静止、处在休息区时，系统自动向游客手持客户端推送景区安全提醒和调查问卷并通过无线网络传送至景区服务中心。结合各子系统的信息汇总，景区从宏观上掌握了每个游客的信息；景区可做备案和预存，当智能设备再次进入景区时，景区可有针对性地提供和推送服务消息。（何静等，2020）

（2）建立智能景区游客体验增强系统。游客自驾前往，可使用景区终端 App 导航，并实时播报路况；景区掌握游客所在位置，提前做好接待工作。景区采用电子门票或预付购票方式，减少游客等待。游客换取景区一卡通或者 RFID 感应手环，景区内无线覆盖，游客可免费下载景区导览。景区巡更设备自动提醒游客实施分流，防止拥堵，保证游客拥有较好的旅游体验。通过将巡检数据记录表单转换成可读 Excel 格式的数据表单，实现电子巡更管理系统同景区资源管理系统的无缝整合，进而真正意义上实现景区智能设备和智能管理相统一。游客离开景区时，产生的消费通过快捷支付结算，消费结算后无须归还一卡通，既可留作纪念也可再次重复利用。景区根据游客游览概况，向游客推送基本信息，包括游览路程、停留时间、调查问卷的反馈，让游客熟知自己整个游览行程。

（3）建立智能景区游客安全管理系统。游客的安全管理应作为景区管理工作的重中之重，景区应把游客的安全放在最高位置。景区一卡通和手持智能设备可对游客进行位置跟踪监控，设置在危险地带的远红外热感装置可有效感知游客活动，景区主要节点的视频监控设备可对景区人流量进行有效监控；特殊人群可佩戴特殊的 GPS 设备实时定位，当某一点停留时间过长，或者靠近危险区域时，可自主预报险情，景区管理人员便可做出科学合理的预判与措施。

（4）建立智能景区游客智能化呼叫与反馈系统。当游客进入景区时，呼叫软件和号码随终端App一同下载至游客智能终端上，游客在景区内寻求帮助或投诉时，直接通过网络呼叫或通过电信网络呼叫，可增强游客的能动性，加快景区管理和服务反应速度。当游客处于停留休息状态时，系统自主向游客智能客户端发送调查表和意见单，游客可针对本次旅途进行全方位评价，一键回传至景区。既做到无纸化、科学化和隐秘性，对于游客来说又具有趣味性，还可最优节约时间，不耽误游客行程。游客可利用微信、微博等进行签到，若主动对外宣传，景区将给予游客奖励。（何静等，2020）

3. 景区对外管理策略

（1）建立景区智能化推广系统。在景区的推广方面，建立完整的景区智能终端App，供游客下载使用，提供更直接的接触方式。所有广告均用二维码加以覆盖，无论游客从哪儿接触信息，均可扫描下载终端或查看景区详细介绍，产生的流量费用由景区返还并加以一定奖励，留住游客的好奇心。增加网络网页的宣传，开辟新途径，如参与团购和网络营销，开设微博、微信等，及时发布信息。

（2）智能景区针对旅行社的管理。建立完整的票务分销系统，旅行社产生的票务、团量都可以直观展示出来，景区和旅行社之间无须过多的沟通，通过分销平台可一键完成旅游团门票预约和支付。旅行社有针对性地对业务范围内景区进行协助广告宣传，建立完整的广告、门票自助返利系统。游客满意度调查通过系统共享，使旅行社有目的地调整营销策略，完善旅行团服务。

（3）智能景区针对行业内部和政府的管理。景区掌握的游客流量统计、游客客源地特征统计、游客消费满意度概况统计等，分批分量及时传送至景区内部各分支机构，建立与旅游局、旅游协会和各景区兄弟单位的日常数据沟通渠道，从宏观上共享和感知旅游信息。

（4）智能景区针对景区内部商户的管理。景区内部的商户主要指酒店和旅游纪念品商店等，景区可建立可靠的封闭性系统，用以游客旅游消费的结算；做到酒店餐饮食宿消费、旅游纪念土特产店消费、公共交通消费，实现一体化、

便捷化和智能化。（何静等，2020）

（5）利用大数据技术提升旅游信息监管能力。政府应充分利用大数据技术加强对企业及市场信息行为的监督管理，不断完善旅游公共信息服务的管理体系，保障各方的合法权益；及时利用大数据技术监管旅游信息网站、平台及各发布渠道的信息安全问题，改善监管的管理模式，满足散客的信息需求。散客在接受信息服务的同时以在线旅游投诉、发布评价信息、移动终端维权等形式加强旅游监管，实现对旅游公共信息内容的实时监督。（刘杨蒂，2020）

（三）大数据在智慧旅游服务中的应用

提升游客的旅游体验和品质是智慧旅游服务的首要任务。游客可以通过智慧旅游平台充分了解景区交通、天气等多方面信息，从而科学合理地安排出游计划。

景区可以通过旅游业的数据库研究，掌握游客在旅游中的食、行、住、购、娱、游等要求，在此基础上构建数据模型，根据实际状况建立分析模型，通过评估分析模型实现更高质量的服务。相关景区和景点在利用大数据后，可提供更为全面、更具针对性的服务给游客，使得游客的个性化需求得以满足，进而提升满意度。例如 × 公司，利用大数据来创新经营模式、服务、产品等，进而提供给游客更具针对性的服务，使其个性化需求能够得到满足。根据相关信息得知，× 公司的国际机票预订平台，是上百名工程师耗时两年多研发出来的。自该平台上线之后，使用的网民陆续增加，且对其评价非常高。该平台操作便捷，民众的体验感也非常好。在具体研发该平台时，涉及的技术相对较多，在应用该平台查询时，涉及的算法较为复杂，应用的数据信息达到上百万条之多。正是因为该平台优点众多，才使其受到用户的极高评价。该平台是目前国内较大的国际机票管理平台，所应用的技术也是最为先进的。同时，× 公司还应用了大数据技术研发出了诸多服务系统，将地面服务体系和线上平台进行了深度融合，也就是在线上预订，而在线下提供服务。游客在该平台上预订酒店、门票等，到达旅游地之后，由当地商家提供线下的高质量服务。

除此之外，在酒店预订方面，× 公司也进行了创新，例如建立了惠选酒店，利用大数据技术来储存酒店的多种代售产品，根据游客对酒店位置、价格、星级等的实际需求，为其提供对应的酒店，保障游客的需求得到最大限度的满足。且在游客成功预订酒店后，该平台会通知游客对应的酒店名称，并给游客提供一定的优惠，使得游客有更高的满意度。

提升旅游服务的策略具体如下。

（1）利用大数据内容，调整供给产品内容。旅游业的飞速发展最终要回归产品和服务的价值提升，这些离不开大数据的支持，除了互联网的信息技术外，大数据技术将帮助从业者挖掘与匹配客户需求。例如，分析目标客户的年龄、性别、消费偏好以及旅游时间等都有助于景区提高对目标客户的认知，从而有针对性地使用多元化营销手段，达到有效吸引的目标。

（2）打造多元融合的智慧旅游服务体验。线上线下多元融合，才能满足游客日益剧增的个性化需求。随着人们物质水平的大幅度提高，以及越来越多的景区开始智慧化建设，越来越多的游客倾向于自驾游。只有景区智慧化建设得越来越完善，才能大幅度提升游客的体验质量，进而促进旅游业健康有序发展。

（3）整合智慧游览系统，提升智慧游览体验。整合优化自助导游系统，可以借鉴高德地图 App 中的景区导览模式，将电子地图同 GPS 定位、游览线路导航、语音讲解的功能融合起来，使旅游者能够在同一个界面完成电子导览，享受一体化的自助导游服务；还可以考虑增加移动导游设备或导游机器人代替人工导游员，引进 VR 设备使游客体验虚拟景区的魅力。（王丽萍，2019）

（4）形成“一站式”旅游信息服务平台。充分整合省市县三级旅游资源、产品等数据，跨部门共享公安、交通、气象等部门数据，形成“一站式”旅游信息服务平台，为游客提供权威、实效的信息服务。

（5）政府层面加大政策支持力度，完善相关基础设施。政府在发展旅游业方面承担着重要的统筹规划与战略布局职能，大数据背景下，政府应提高关于大数据技术的了解程度，加大对大数据应用的支持力度，为大数据在旅游服务管理中的应用创造良好的环境氛围，切实推动大数据技术在旅游业中得到广泛渗透与应用。首先，政府应加大关于大数据技术应用的政策支持力度，出台

相关的旅游业发展政策，推动实体旅游企业将信息网络大数据与线下旅游模式结合起来，构建“互联网＋旅游”创新发展模式；其次，政府应完善大数据应用基础设施建设，比如在景区建设无线局域网络，使得游客在游览过程中，可以随时随地接入互联网环境，完成旅游体验的分享，为大数据收集提供有力支撑和重要保障，为后续的旅游大数据分析与挖掘工作打下良好的基础。

（6）企业层面提高信息技术水平，积极参与技术应用。作为大数据技术在旅游服务管理中应用的实践主体，企业应积极主动地探索实现大数据技术与旅游业发展有机结合的路径，积极配合政府在旅游业中推广大数据技术的做法，将政府出台的相关政策落到实处。企业需要建构起关于大数据技术的全面认知，明确大数据技术的特征、应用优势及具体的应用路径，找准在旅游服务管理实践中应用大数据技术的切入点，不断提高信息网络技术应用水平，树立大数据思维，在开展旅游服务管理的过程中，做好相应数据收集与反馈工作，在分析和预测游客旅游需求、细分游客市场、制定发展规划的过程中，主动应用大数据技术，不断总结大数据技术应用实践经验，探索大数据技术与旅游服务管理有机结合的创新模式。为此，旅游企业可以与专业的计算机企业达成合作，开发专门的旅游服务管理 App，做好 App 宣传推广和应用工作，调动游客应用 App 分享旅游感受和对旅游服务的评价，在此基础上完成大数据收集，加快大数据的结论转化进程，进一步提高旅游服务管理的实效性。

（7）游客层面开展多样的互动活动，高效获取数据反馈。在旅游服务管理中应用大数据技术的关键所在，是获取关于游客的大数据信息。为此，政府与旅游企业应设计开展多样化的游客互动活动，将大数据收集与反馈和网络新媒体有机结合起来，积极引导游客应用微信、微博以及旅游企业开发的相关 App 参与旅游服务质量评价。在此方面，政府和旅游企业可以为互动活动设置一定的奖励，以此增强游客的参与积极性，快速完成第一手信息收集，借助大数据技术对这些数据信息进行全方位的系统分析，及时发现旅游服务过程中存在的问题与不足，提出针对性的优化策略与方案，从而不断提高旅游服务管理质量。比如，旅游企业可以开展“××景点游记征集活动”，为此活动设置一、二、三等奖等若干奖项，调动游客将自己的旅游体会和对旅游服务的感受写进游记，从而与游客展开有效互动，快速获得游客的真实反馈，然后开展数据分析挖掘工作，在此基础上进一步完善关于该景点的旅游方案，从而不断提高游客满意度，有效构建旅游品牌。

（8）技术层面加强数据平台建设，做好数据安全保护。在旅游服务管理中应用大数据技术，需要进一步加强旅游大数据平台建设工作，打造集旅游大数据收集、旅游大数据分析、游客需求预测与分析、精准旅游营销方案等功能于一体的专业化数据分析处理平台，切实提高应用旅游大数据的水平与能力，充分发挥大数据技术在优化旅游规划和营销方案等各个方面所具备的价值与作用。与此同时，应重视面向旅游服务人员开展大数据技术应用主题培训，增进旅游服务工作人员关于大数据技术的认知，提高其应用大数据技术的能力，发展其信息素养，从而确保其能够适应大数据技术应用的实践需求。此外，在旅游服务管理之中应用大数据技术，还应重视做好数据的安全保护工作，守护游客的信息数据安全，避免游客的私密信息在大数据技术应用中泄露，进一步提高游客的信任感与支持度，增强游客参与相关互动活动的积极性。（李甜，2020）

（9）利用大数据技术等挖掘应用旅游公共信息。随着大数据技术的飞速发展，大数据技术可以在旅游公共信息的挖掘和旅游行为组织上起到相应的作用。将散客在吃、住、行、游、购、娱各环节的信息需求及实时数据进行收集和整合，再通过大数据技术对数据信息进行深层次分析处理，找出其中的关联，将分析后的价值数据结果反馈到政府管理部门、旅游企业及散客处，进而使旅游公共信息服务得到优化。面对散客的个性化信息需求，政府和企业在采集、存储、分析和应用的过程中要制定科学的应用标准，确保为散客提供更具可靠决策支持的科学数据。在数据平台建设方面，也要充分利用大数据技术，拓宽数据采集渠道，打通信息获取网络，将散客旅游消费行为六要素的动态数据引入数据平台，同时简化信息采集方式，统一游客信息代码，使散客旅游信息获取更加便捷精准，再将获取到的实时信息同步到平台，统一由平台处理加工后发布至各环节单位。在信息内容的建设方面，要增加旅

游公共信息的多样化、专业化、精准化和个性化，拓宽信息发布及散客信息获取的渠道和方式，加强信息互通及信息共享，突出及时互动性，进而满足散客的实际信息需求，提高满意度。同时要注重散客的使用满意度及忠诚度，通过对散客的查询行为的大数据分析，绘制散客的旅游需求及旅游偏好图，提前预测其旅游线路、旅游时间、旅游方式、旅游内容、旅游评价，从而为散客提供更具个性化的旅游信息服务。（刘杨蒂，2020）

（10）利用大数据技术整合旅游相关产业发展。旅游公共信息服务属于公共服务的范畴，其管理及发布更多由政府部门负责，然而传统的服务模式缺乏市场化运作的灵活性，旅游公共信息服务往往不能满足现阶段散客的实际需求。在实际的旅游行为过程中，旅游业与相关产业有着密不可分的互动关系，旅游公共信息服务是旅游业与相关产业之间的融合剂，为了更好地加强旅游公共信息资源的利用，加强政府、旅游企业与散客之间的信息沟通，应建立旅游信息的共享机制，适度引入市场机制，让企业、社会团体、散客参与到旅游公共信息的加工、更新、丰富与应用上，实现全民管理与监督，最大限度地发挥社会参与力量的作用。利用云计算等服务，将旅游公共信息流通到各个环节中，打通旅游信息资源流通渠道，整合旅游信息资源，打破旅游信息资源垄断问题，提高其透明度，将实现政府、企业、社会团体、散客之间的信息互通共享，重视政府、旅游各环节、企业的沟通和信息反馈过程，从而推动旅游与相关产业的融合发展，实现旅游公共信息的不断增值。（刘杨蒂，2020）

二、大数据在旅行社中的应用

大数据的产生对旅行社的经营来说，机遇与挑战并存。通过大数据分析，旅行社可以知道人们喜欢怎样的旅游线路和风景，按照游客的意愿，结合实际情况去开发相应的线路和景区；通过了解游客的年龄特点及个人喜好，有针对性地制定营销计划和准备相应的旅游产品。大数据的透明化对相关旅游资源和产品的整合，目的更加明确，收益会更好。同时，大数据信息的透明化也给旅行社的经营带来更多挑战。同行竞争日益激烈，游客也会在网上了解一些景区信息，选择吃住玩相对自由的自驾游。旅行社只有在旅游线路上、产品质量上、个性化服务上不断创新优化，才能赢得更广阔的发展空间。

三、大数据在旅游酒店管理中的应用

（一）大数据有助于酒店行业精准分析和了解市场需求

一个企业要做强做大，实现持续健康发展的目标，了解市场需求是关键。酒店行业的市场定位也是非常重要的。运用互联网技术进行市场分析，进而摸清旅游市场，了解客户对酒店的要求。同时还要通过大数据调研酒店行业在市场的定位和需求，进而掌握酒店行业市场信息、细分酒店等级、消费者需求和同行运营状况等众多因素，在对收集到的信息数据科学分析的基础上，运用到解决酒店行业存在问题之中，提升酒店行业的管理水平。

（二）大数据成为酒店行业市场营销的利器

随着搜索引擎、社交网络和智能移动设备的普及，互联网上的信息量正呈现爆炸式增长。每日在各大平台上分享的海量文本、图片、视频、音频和数据等信息，包含了商家信息、个人信息、行业动态、产品使用体验等多方面的宝贵资源。这些数据通过聚类可以形成酒店行业大数据，其中蕴含着市场需求、竞争情报等，具有很大的商业价值。

大数据的运用在营销工作中非常重要。通过收集整理和分析数据，市场信息和竞争者的动态都一目了然。同时通过挖掘了解消费者个人的动态数据，酒店也能够知晓消费者的消费行为和价值取向，以便于更好地为消费者服务。

（三）大数据支撑酒店行业的收益管理

近年来，收益管理作为实现收益最大化的重要举措，在酒店行业中受到了广泛关注和应用。其核心在于将合适的产品或服务，在合适的时机，以合适的价格，通过合适的渠道，销售给合适的消费者，从而实现企业收益的最大化。要达到收益管理的目标，需求预测、细分市场和敏感度分析是此项工作的三个重要环节，而推进这三个环节的基础就是大数据，大数据为这些环节提供了有力支撑。

（四）大数据有利于创新酒店行业需求开发

随着网络的快速发展，公众分享信息变得更加便捷自由，而公众分享信息的主动性催生了新型舆论形式的发展。人们可以在QQ、微信、抖音等平台发表自己的主张和需求。网络评论在为大家服务的基础上，给商家提供了巨大的商业信息。线上需求提问、产品质量评价等信息，构成了产品供需大数据。酒店企业如果能对网上评论数据进行收集整理，建立大数据库，再利用分词、聚类、情感分析了解广大消费者的需求、意愿及新消费观和对酒店服务的具体要求，以此来改进和创新酒店管理，制定合理的价格及提高服务质量，就会从中获取更大的收益。

四、大数据在旅游交通中的应用

（一）应用大数据解决交通堵塞

GPS不仅能展示车辆行驶的具体状况和位置，还能为相关部门提供真实的交通信息。一方面，旅游企业可以通过深入分析GPS信号数据，了解道路交通状况。另一方面，旅行社的司机、自驾游的游客也可以根据自己的实际情况选择车辆少、交通环境好的行车路线。

（二）应用大数据处理恶劣天气的道路情况

人们可通过气象信息站实时更新的天气数据，能够清楚地了解天气状况，随时掌握恶劣天气的持续时间及其对道路造成的车辆拥堵状况，这些数据有利于旅游者规划自己的出行时间。

五、大数据在旅游行政部门监管中的应用

大数据的应用有利于丰富监管手段，数据信息的高度统一为政府监管旅游行业动态提供了便利条件。早在2019年，文化和旅游部就明确指出，要对OTA平台存在的“大数据杀熟”现象进行规范与整顿（汪林，2019）。传统的政府监管需要经过层层筛选，存在信息失真与处理不及时等问题，且获得的是二手资料，对真正的行业动态把握不准确、不及时。大数据在旅游行业

的深入应用使政府的监管手段更为丰富，同时也能使政府更加及时有效地了解游客对旅游产品或企业服务的真实感受。因此，利用互联网和数字化手段，有助于重构旅游市场监管体系（陈琳琳等，2021）。比如，利用旅游 App、小程序，以及文旅部门公众平台进行实时投诉和追踪，可以有效解决传统投诉渠道处理问题缓慢等问题。

大数据在提升职能部门监管效能的同时，也有效提升了文旅部门的职能效率（谢仲文，2019）。这主要体现在以下几个方面。第一，可以促进文旅部门的深入融合。大数据的使用和推广有效推动了文化事业和旅游产业之间的顺畅合作，这在一定程度上加强了文旅部门的深度融合。第二，有效促进了文旅市场融合。文旅大数据不断积累，对文旅大数据进行重新组合和深度分析，使得文旅部门精准掌握市场动态，进而促进文旅行政部门的办事效率提升。第三，有效提高文旅部门的服务质量。通过文旅大数据的信息精准匹配，文旅部门可以分析出游客对旅游行政部门服务质量的评价和期望，以此来推动文旅部门的政务服务质量提高。第四，有助于提高旅游业的精准化、智能化管理水平。旅游业包含的行业种类和新业态众多，在信息统计和数据分析中往往存在着数据重叠、信息交叉和统计不规范等现象。大数据的利用可以提高旅游行业数据的归集效率和统计精确度，进而为旅游行业全产业链的数据采集分析提供数据支撑。（叶紫青等，2022）

第三节　大数据与旅游深度融合

一、基于大数据的高铁网络智慧旅游平台设计

大数据作为新趋势，已经逐渐渗透到高铁网络智慧旅游产业的相关领域，打破了其传统的生产和运营模式，迫使其改变发展路径、突破传统模式的限制、寻找适应新时代背景的发展策略。高铁和旅游企业应当积极主动地迎接大数据发展的新趋势，顺应这一趋势，抓住市场的先机，努力推动高铁网络智慧旅游资源的深度开发和持续利用，以促进高铁网络智慧旅游的持续发展。

接下来以高铁大数据网络平台的应用需求为出发点，从一个宏观的视角，结合相关的技术细节，深入探讨了基于大数据的高铁网络智慧旅游平台的设计理念，并据此进行了平台的总体架构设计和应用架构设计。

（一）设计原则

基于大数据的高铁网络智慧旅游平台的构建，是从旅游者角度出发，结合业务和技术特点，以互联网思维为导向，以旅游者为核心的原则设计的，其目的在于满足旅游者的多元化出行需求，解决游客的实际问题，以此实现高铁客运数据与旅游业数据深度融合，从而推动高铁与旅游业的协同发展。

（二）总体架构设计

在高度整合高铁客运与旅游的相关资料的基础上，认真梳理高铁网络智慧旅游大数据系统在运行中的实际需求和技术要素，同时充分考虑相关影响因素，全面实施大数据技术，在构建基于高铁网络智慧旅游的大数据体系的基础之上进行系统总体架构设计。从游客视角出发，对乘客、景区、酒店等产生的结构化、半结构化和非结构化数据进行实时处理，实现旅游者出行的智慧化。与此同时，在对各种信息和数据进行分析处理时，也要对平台网络制定更加合理的标准和规范，并严格按照网络平台对信息安全的要求执行。本系统总体架构示意图如图 3-1 所示。

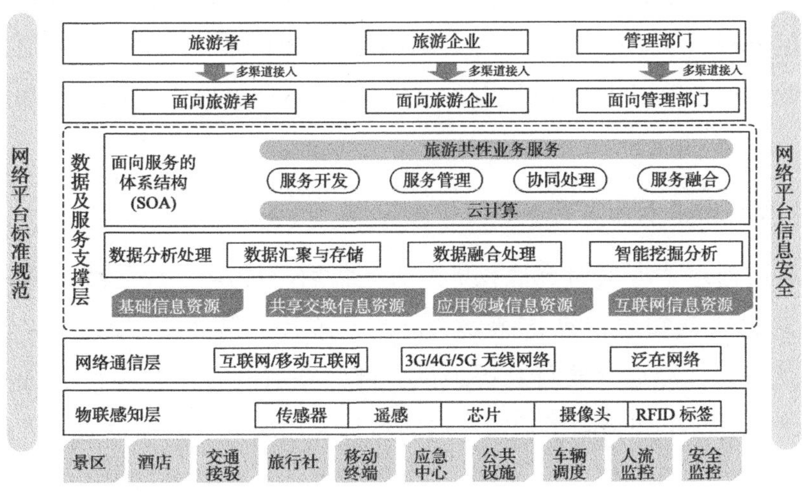

图 3-1　基于大数据的高铁网络智慧旅游总架构示意图

（三）应用架构设计

在构建高铁网络智慧旅游应用架构的过程中，旅游消费者的业务需求是核心。应针对这一核心设计相应功能，并确保这些功能紧密围绕总体架构的核心功能实施。

1. 数据应用层的功能架构

在高铁网络中设计了数据应用层作为智慧旅游大数据系统上层，主要目的在于通过对数据及服务支撑层进行各类数据分析、数据挖掘，从各个角度挖掘数据中的价值，最后通过能满足数据展示需求的数据可视化技术将分析结果展现到终端。它的关键在于给各类型用户提供一个简明、直观的平台。该数据应用层主要针对旅游者需求，在满足有关企业内部需求以及有关领域专业研究人员需求的前提下，使各类型用户通过该层直接体验到系统所提供的整体服务。

2. 数据及服务支撑层的功能架构

数据及服务支撑层主要负责对来源于网络通信层以及物联感知层的信息资源进行处理分析。数据及服务支撑层最上端所面对的就是一个个实实在在的用户，本层的功能在于以服务开发、服务管理、协同处理、服务融合作为引导设计，从功能需要角度来进行数据资源汇聚与存储、数据融合处理以及智能挖掘分析。本系统的设计理念以旅客需求为核心，同时满足其他人，如旅游企业管理者等工作人员的实际工作需求。本层专注于提供旅游共性业务服务。

3. 网络通信层和物联感知层的功能架构

网络通信层主要通过互联网 / 移动互联网、3G/4G/5G 无线网络以及泛在网络对物联感知层依靠传感器、遥感、芯片、摄像头、RFID 标签等数字设备从景区、酒店、旅行社等地区、部门获取的各项数字信息进行分析处理。网络通信层和物联感知层一同为数据应用层以及数据及服务支撑层提供支撑。

二、大数据旅游产品开发

（一）数据处理原理

在旅游产品开发中，可基于信息化需求应用大数据进行数据处理。一是选取监控场景的小区；二是从网络中获取监控场景小区的信令，包括语音电话、信息更新、手机号码、位置、信令时间等信息；三是对小区资源数据进行分析，结合已获取的用户手机号码信息，分析用户年龄、性别、来源地、兴趣爱好等，对用户进行初步画像；四是对获取的数据进行分析汇总，包含景区、火车站、飞机场、公共场所的人流量，以及省内外游客信息，针对不同类型的游客推送不同的信息，给游客提供满意服务。

（二）基站选取要求

在旅游产品开发中，要通过基站获取大量的基础数据，用于数据分析处理。因此基站的位置至关重要。一是道路口的基站测试。将各个路口作为重点，在离路口 5 千米 ~10 千米处的道路上设置基站，基站不得少于 3 个，通过基站来抓取景点旅游的游客数据。二是景区的基站测试。按照域内去掉域外的规则，测试应对场景的景区内与景区周边的网络进行覆盖，在景区内选取扇形区域设置基站，以保证基站能够尽可能多地抓取景区游客数据信息。

（三）数据汇总流程处理

数据汇总流程主要涉及三个环节。一是筛选基础数据。从基站获取监控场景小区内用户的基础数据信息，包括用户所在景区、手机动作、客源地、性别、年龄等数据。二是筛选中间结果。系统每间隔 1 小时对基础数据进行汇总，过滤掉监控场景下的常住人口，去除小时粒度内的重复用户、天粒度内的重复用户，对来源于机场和火车站的用户数据进行汇总。三是筛选应用结果数据。在上述基础上，汇总天、周、月度的数据，进行深入分析。

（四）旅游大数据平台构建

基于旅游产品开发的大数据应用，需利用大数据分析技术来建设集客大数据平台，通过分析、统计游客信息，结合旅游行业服务项目，为游客提供精准的旅游产品服务，提高游客对旅游产品服务的满意度。同时，旅游大数据平台还要为旅游营销管理提供数据信息支持，辅助开发设计新的旅游产品。

旅游大数据平台以应有场景为出发点，构建功能框架。一是进行游客分析，包括游客流量、游客来源、交通方式、旅游线路和驻留时间分析，为景区制定旅游发展规划、开发设计新的旅游产品提供依据；二是进行景区情况分析，包括景区人流量、历史人流量、游客结构和驻留时间分析，判断景区负荷情况以及配套设施使用情况；三是进行游客住宿与旅游交通情况分析，包括酒店与交通的人流量、历史人流量、游客结构和驻留时间分析，为强化夜间住宿与出行管理提供依据；四是进行旅游系统管理分析，包括角色管理、用户管理、短信模板、黑白名单设置等功能；五是形成统计报表，包括信息汇总、报表分类、报表信息查询、报表导出等内容，实现数据的全面展示和有效利用。

三、大数据助力旅游保险完善

旅游需求促进旅游产品创新，游客“专属”“定制”类旅游产品使旅游风险更具体化、专业化，旅游保险的产品研发与改造必须与旅游消费者、旅游服务供应者的需求相匹配。目前，一些保险机构为旅游消费者提供的部分特定旅游项目风险保障、财物损失保障远远不能满足特定旅游风险的需求，因此保险机构需要针对这类风险进行风险精算，重新设计适合旅游经济需求的保险产品。针对旅游服务供应者群体的变化，新型旅游目的地不断涌现，同时民宿、红色基地、康养场所、露营地等与传统酒店在管理水平、设施抗风险能力等方面存在巨大差异，保险机构需要细化风险，从责任保险、财产保险、收入损失保险以及旅游从业者意外保险、补充医疗保险等出发，差异化设计旅游保险产品，推动责任保险与意外保险在旅游经济中的应用，提高收入损失保障和失业保障在旅游保险中的承保覆盖率。

助力旅游保险完善，需要对合作联动机制、产品设计与定价、销售和理赔实务三个方面的问题进行研究分析。

（一）合作联动机制

旅游保险在保险机构内没有做专项的分类管理，其原因主要是旅游保险

产品大部分仍沿用意外保险、责任保险或财产保险的产品框架。由于缺少旅游行业的大数据支持，保险机构无法有针对性地进行旅游专项风险精算，也就无法实现产品及风险的专项管理。旅游保险的发展需要旅游行业的大数据支持，需要明晰旅游经济中的风险类别、行业标准、安全规范等专业性内容。目前，旅游保险这一环节缺少专业部门的有效且持续的支持。针对旅游保险，保险机构在旅游数据采集、行业运营模式、风险研判及理赔服务方面确实需要与旅游行业合作。

（二）产品设计与定价

对旅游者风险认知与购买行为的研究有助于旅游保险产品的研发设计。消费者对风险产品的知觉价值将影响其购买意愿。旅游经营者的风险认知同样会影响其购买旅游保险的行为。当旅游者越来越偏好于一些存在安全风险的旅游目的地、旅游项目时，旅游保险也成为旅游消费者出行的必要选择之一。一些特定的存在风险的旅游项目曾经被作为除外责任，保险机构拒绝承保。随着旅游安全监督管理的加强，旅游设施、服务及安全保障的完善，以及消费者投保意愿的明显增强，一部分涉水运动、山地运动、空中运动以及高原游、骑行游都被纳入了可保风险。针对旅游保险产品的设计，保险机构可以考虑在外部风险环境改善的情况下进行产品的升级改造，开发一些特定风险（包括原有部分除外责任）的保险产品，增加一些专项旅游项目保险等。这就需要采用合作联动机制，将旅游数据库对保险行业开放，在旅游风险大数据框架下进行风险精算，有效降低原高风险的产品定价。对于旅游消费者而言，旅游是阶段性的活动，保险区间较短，所以对保险产品价格的敏感度极高，保险机构应当重视这种市场需求，在产品责任范围、定价区间等方面细分旅游消费市场，达到切合客户需求的目标。对于旅游经营者而言，除了责任保险外，财产损失保险、因营业中断造成的收入损失保险、雇员补充医疗保险等都属于新产品开发及改造的范围，需要旅游业经营数据的支持，以更加科学地确定保障范围、保障额度及保险精算定价。

（三）销售和理赔实务

互联网、5G、云服务等技术的应用使旅游保险的销售更加便捷，渠道更丰富。各旅游经营者充分利用互联网平台、自媒体网络直播等方式展示旅游产品亮点和优势，吸引并聚拢了一定数量的忠诚客户，旅游保险完全可以借助这些互联网旅游服务平台锚定目标客户，做好保险营销。同时，保险机构官网与原有的传统直销渠道、代理渠道同样是旅游保险销售的主要渠道。理赔工作更能体现保险机构的服务能力和水平，也是旅游保险产品最有效的销售宣传方式。旅游保险事故发生时，保险机构需要进行及时救援、垫付救援资金等非常规理赔操作。对于财产损失或收入补偿型保险，保险机构需要快速认定责任、预付赔款以支持受灾旅游企业尽快恢复生产经营。从理赔的角度改进保险条款的设计，首先要简单易懂，便于投保人或被保险人理解；其次要明晰阐述责任，避免产生歧义纠纷。在保险回归“保险姓保”后，损失补偿类保险产品更应该强化保障足额、定价科学、理赔迅速，使投保人在投保时清楚地知晓权利和义务，清楚地了解在理赔时应当获得的权益。（孙雷蕾等，2021）

四、旅游文本预处理与负面评论识别

随着互联网的普及和社交媒体的崛起，大量的用户评论和反馈成为旅游企业了解市场需求、优化服务质量和改进产品的重要依据。大数据技术在旅游文本预处理和负面评论识别方面的应用，为旅游企业提供了更加高效、准确和全面的市场洞察。下面将详细介绍大数据在旅游文本预处理和负面评论识别方面的应用，并通过具体的旅游负面事件案例进行分析，以展示其实际应用价值。

（一）旅游文本预处理

旅游文本预处理是情感分析和数据挖掘之前的关键步骤，它涉及将原始的、非结构化的文本数据转化为可用于分析的结构化格式。以下是旅游文本预处理的主要步骤。

1. 数据清洗

数据清洗是文本预处理的第一步，旨在去除文本中的无关字符、标点符号、

HTML 标签等，以净化数据并为后续处理提供良好的基础。在旅游领域，用户评论中可能包含大量的表情符号、特殊字符和链接等，这些都需要在数据清洗阶段进行处理。

2. 分词

分词是将长文本分割成单个的词或短语的过程，这是中文处理中特别重要的一步。由于中文句子没有像英文句子那样的空格分隔，因此需要使用专门的分词工具进行分词。在旅游领域，分词工具需要能够准确地识别地名、景点名等专有名词，以及处理一些旅游相关的词汇。

例如，对于句子“我去了北京的故宫和长城”，分词工具能够将其分割成：我、去了、北京的故宫、和、长城。

3. 停用词去除

停用词是指在文本中出现频繁但对意义贡献不大的词，如“的、了、在”等。在旅游文本中，停用词可能还包括一些常见的旅游用语，如旅行、游玩等。去除停用词可以减少数据维度，提高处理效率，并降低后续分析的噪声干扰。

例如，对于句子“我在旅行中去了很多地方游玩”，去除停用词“在”后得到“我旅行中去了很多地方游玩”。

4. 词干提取或词形还原

词干提取是指将词汇还原为其基本形式，去除词缀和变体。在旅游文本中，词干提取可以帮助识别同一词汇的不同形式，如“旅行”和“旅行者”可以提取为相同的词干“旅行”。词汇还原是指将词汇还原为其原型或基本形式，如将“旅行了”还原为“旅行”。

例如，对于句子“我旅行了很多地方，旅行让我很开心”，进行词干提取或词形还原后得到“我旅行了很多地方，我很开心”。

5. 特征提取

特征提取是从文本中提取关键信息的过程，如高频词、关键词、命名实体等。在旅游文本中，特征提取可以帮助识别用户关注的景点、酒店、餐饮等旅游元素，以及用户的情感倾向和体验评价。

例如，对于一组旅游评论，特征提取可能得到高频词“酒店”“景点”“美食”等，以及关键词“环境好”“服务态度差”“价格高”等，这些特征可以为旅游企业提供市场洞察和改进方向。

（二）负面评论识别

识别负面评论对于旅游企业至关重要，因为这样做能帮助企业及时发现问题、改进服务并挽回不满客户。以下是识别负面评论的常用方法。

1. 基于规则的方法

基于规则的方法是通过制定一系列规则来识别负面评论。这些规则可以基于词汇、语法、语义等方面。例如，可以制定规则认为包含“差”“糟糕”“不满意”等负面词汇的评论是负面评论。

在旅游领域，一些常见的负面词汇可能包括“脏乱差”“服务态度差”“性价比低”等。旅游企业可以根据这些词汇制定规则，自动筛选出负面评论，并对其进行进一步分析。

例如，对于评论“这家酒店的服务态度太差了，房间也很脏乱差”，基于规则的方法可以识别出这是一条负面评论，并对其进行后续的情感分析和处理。

2. 基于机器学习的方法

基于机器学习的方法是通过训练分类器来识别负面评论。这种方法需要一个已标注的训练数据集，其中包含正面评论和负面评论的样本。通过特征提取将文本转换为数值向量，然后输入分类器进行训练。

在旅游领域，可以使用机器学习算法如朴素贝叶斯、支持向量机、随机森林等来进行负面评论识别。这些算法可以通过学习训练数据集中的特征和模式，自动识别出负面评论。旅游企业可以收集大量的用户评论数据，并将其标注为正面或负面，然后使用机器学习算法训练分类器，使其能够自动判断评论的情感倾向。

3. 深度学习方法

深度学习方法，特别是循环神经网络（Recurrent Neural Network，RNN）和卷积神经网络（Convolutional Neural Network，CNN）等，为负面评论识别提供了新的途径。这些模型能够从原始文本数据中自动学习有用的特征表示，而无须手动进行特征工程。

RNN 是一种适合处理序列数据的神经网络模型。在负面评论识别中，RNN 可以捕捉评论中的时序依赖性，即前后文之间的关联。通过将评论文本转换为词向量序列，RNN 可以学习这些词向量之间的关系，进而判断评论的情感倾向。

CNN 在图像处理领域取得了巨大成功，近年来也被应用于自然语言处理任务中。在负面评论识别中，CNN 可以通过卷积层和池化层从评论文本中提取局部特征，并通过全连接层进行情感分类。这种方法在捕捉文本的局部模式和结构方面表现出色。

近年来，预训练模型如 BERT、RoBERTa 等在自然语言处理领域取得了显著进展。这些模型在大规模语料库上进行预训练，学习到了丰富的语言知识和上下文信息。在负面评论识别中，可以利用这些预训练模型进行微调，使其适应特定领域的任务。通过引入预训练模型，可以进一步提高负面评论识别的准确性和效率。

4. 情感词典方法

情感词典方法是一种基于规则的情感分析方法，它依赖于预先构建的情感词典来判断文本的情感倾向。在负面评论识别中，情感词典方法可以通过以下步骤进行。

（1）情感词典构建。构建一个包含情感词汇及其情感倾向（正面、负面或中性）的词典——情感词典，可以基于现有的情感词典进行扩展和优化，也可以针对特定领域进行定制。在旅游领域，可以添加与旅游相关的情感词汇，如“景色优美”“服务周到”等。

（2）词汇匹配与情感计算。将评论文本与情感词典进行匹配，计算文本中正面和负面词汇的数量或权重。根据情感词典中每个词汇的情感倾向和权重，可以对整个评论文本进行情感计算，得到其情感得分或情感倾向。

（3）阈值判断。设定一个阈值来判断评论的情感倾向。如果评论的情感得分低于阈值，则被认为是负面评论；如果高于阈值，则被认为是正面评论；如果接近阈值，则可能是中性评论。可以通过调整阈值控制负面评论识别的灵敏度和准确性。

情感词典方法简单易行，适用于处理大规模文本数据。然而，其效果依赖于情感词典的质量和覆盖范围，对于新出现的词汇或领域特定的词汇可能无法准确识别。因此，在实际应用中，可以结合深度学习方法和其他技术手段来提高负面评论识别的准确性。

五、智慧旅游大数据平台建设

（一）设计原则

智慧旅游大数据平台是通过围绕整个地区的旅游管理机构、景区、商业企业（旅行社、酒店）、第三方应用平台、游客建立多维度的旅游大数据应用，满足省、市、区县及景区旅游大数据应用的需求支撑。它也是以面向旅游管理机构和景区，通过分析旅游行业需求，充分利用中国联通全国信令、业务使用数据、用户标签数据，并整合多方数据，实现有代表性、启发性的旅游应用。

该平台设计的具体原则：一是强化顶层设计、夯实基础能力原则；二是标准化和开放性原则；三是分步实施、注重效益原则；四是实用先进、安全可靠原则；五是统筹兼顾、适时对接原则。

（二）建设目标

智慧旅游大数据平台的建设旨在实现整个使用地区的旅游大数据应用支持，能够满足对区域旅游大数据应用的需求支撑。该平台重点面向旅游管理部门信息中心，通过分析来明确该区域游客多方面的需求，力求充分利用并整合多方数据，开展有代表性、启发性的旅游分析服务，为旅游管理部门提供决策支持，推动旅游业的持续发展。

（三）建设方案

考虑未来业务需求及技术发展，按图 3-2 所示框架建设智慧旅游大数据平台。旅游大数据项目建设总体框架可总结为一个旅游大数据综合平台、N 类旅游数据应用体系。

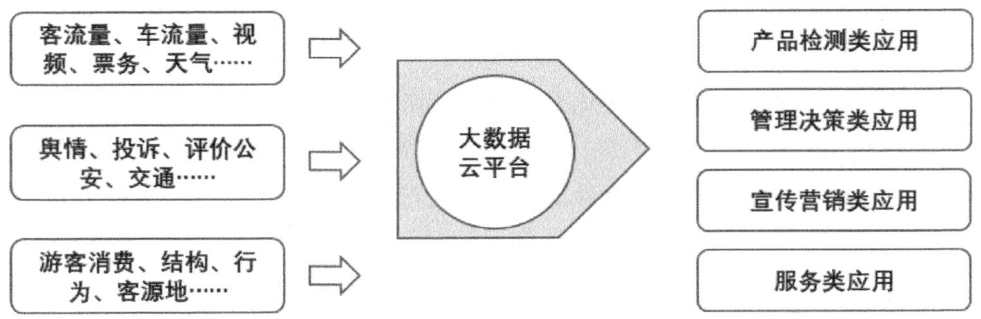

图 3-2 智慧旅游大数据平台框架

智慧旅游大数据平台的总体框架是一个面向服务并体现云计算模式的“五横三纵”的体系框架。

（1）“五横”指的是数据源、数据平台、基础环境、数据分析应用和接入访问五个层次，辅以平台服务、数据服务、软件服务及基础设施服务四个服务层面。

数据源层是旅游大数据项目的源头。按照智慧旅游的相关要求，数据源主要来自采集到的外部数据和内部系统数据，其中外部数据包括联通游客画像数据、12301 投诉 / 导游 / 旅行社数据、银联消费数据、互联网舆情及网评数据以及横向政府部门（包括公安、交通、气象及环保等）数据。

数据平台层通过新建和完善结构化数据和半结构化数据，形成包括由 Hadoop、HDFS、HIVE、STRIGER、HBase、STORM、SPARK 组成的大数据技术服务环境，以数据标准、采集汇聚、加工清洗、共享交换、目录服务、质量管理、分析挖掘和安全管控为核心建设旅游大数据管理共享和开放平台。

基础环境层通过联通公司沃 · 云公有云提供云服务模式，构建旅游大数据平台的各类智慧应用的基础设施环境。

数据分析应用层面向各地市旅游职能部门、园区和社会公众提供多类业务应用，实现旅游大数据管理、营销及宣传等应用，可以对游客轨迹、游客特征、客流出行情况、客源地市场变化、网络舆情及网络评价等统一进行数据分析应用。

接入访问层基于旅游大数据平台构建全省智慧旅游统一服务门户，为各类大数据应用服务提供统一的接入访问。面向各职能部门、机构、各类企业、各级领导和社会公众等提供门户网站、移动 App、微信公众号和大屏幕展示等多种方式的服务。

（2）“三纵”指的是安全保障体系、标准规范体系、运维保障体系。每层既有自己独立的服务，又有面向业务的双向支撑，完全体现基础设施即服务、数据即服务、平台即服务和软件即服务的云计算体系架构，完美诠释了云计算体系架构的核心理念。

（四）主要技术路线

旅游大数据项目技术架构主要基于现有数据中心，采用面向服务架构（SOA），实现基础设施即服务（IaaS）、数据即服务（DaaS）、平台即服务（PaaS）、软件即服务（SaaS）、按需服务（ODS）五层的云计算体系架构，如图 3-3 所示。

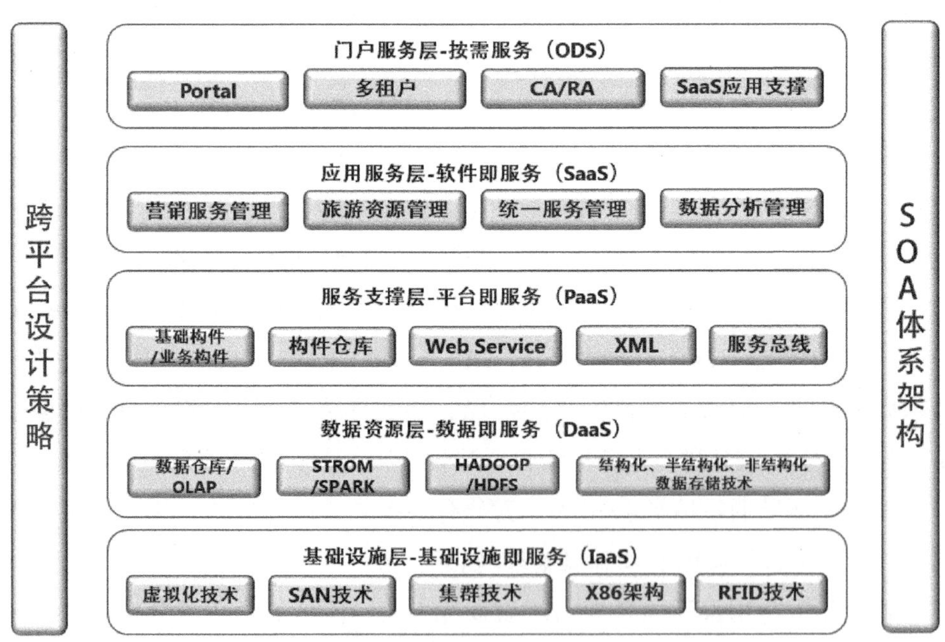

图 3-3 总体技术架构

第四节　国内案例

一、九寨沟风景名胜区

物联网技术在智慧景区建设中发挥着重要的作用，为智慧景区的构建提供了决策和管理平台，能够实时收集景区内各类信息，优化游客的游览路径，并在不同管理环节实现资源共享。九寨沟风景名胜区，在景区管理中采用门票系统、监控设施以及网络营销等手段，显著提升了服务质量和水平。

许多热门旅游景点在旅游高峰期游客量剧增，常常发生拥堵现象，这存在极大的安全隐患，同时也难以满足游客对高质量服务的需求。在生态旅游的背景下，加强环境监测、合理调度游客以及优化管理流程成为景区亟待解决的问题。借助物联网技术，可以构建服务于景区的系统架构，建立用户信息管理平台，对景区的各项业务数据进行集中管理。这将使景区信息更加透明化，为游客提供更加优质的服务。

物联网技术在九寨沟智慧景区的系统架构中的运用，不仅实现了智能化的识别与管理，更实现了景区资源的实时共享。

智慧景区管理系统的架构共四层：一是设备层，包括传感器节点、监控设施、数据采集设备、射频识别标签和移动终端等；二是网络支撑层，负责景区网络基础设施建设，包括云计算、无线传感以及网格计算等技术；三是设备支撑层，涵盖景区的无线网络、通信网络以及互联网等；四是应用层，主要涵盖景区内的监测、调度等实际应用。九寨沟智慧景区管理系统更好地利用了物联网技术，为游客创造了更加安全、舒适、便捷的旅游环境，景区管理水平也日益提升（章小平等，2014）。

（一）九寨沟智慧景区的智能化管理

1. 实现了信息的高效获取和传递

在物联网技术的助力下，九寨沟景区实现了网络与传感器的高效连接。

通过在景区内安装温度、射频、湿度、耗能等传感器，传递各类信息，系统可识别景区中的各项数据，并进行智能化管理。物联网技术的应用，使九寨沟景区实现了人—人、物—物以及人—物之间信息的高效获取和传递。在景区的各类设施中安装传感器，通过传感器感知景区中的环境，并实行自动控制。同时，传感器还能实时感知景区内设施、游客等各类信息，从而提升管理系统的信息传递功能。（陈懿，2021）

2. 实现了数据智慧型管理和应用

传感器收集的各类数据通过数据管理中心转化为服务数据，实现数据智慧型管理和应用。例如，在九寨沟智慧景区管理系统建设过程中，基于物联网中的数据，服务内容开发人员将数据以及数据处理功能进行封装，形成各类数据服务以及功能服务。在注册中心，只要将各种服务进行注册，使用者即可使用。管理者可以以单一形式观看数据，也可以结合各种复杂服务进行数据的复杂化管理，形成更高级别的服务功能。在数据管理过程中，管理者可以控制注册中心内的服务以及使用者的访问权限。九寨沟景区内的所有服务数据都集中在注册中心进行管理。注册后的用户具备特定的访问权限，可以享受数据或功能服务。服务的调用者也是应用的开发者，可以根据具体业务需求在系统中获取相应服务。按照系统提供的方式顺利完成数据的调用时，即可完成业务应用的开发。

3. 构建和应用了智能导览系统

利用物联网技术，九寨沟景区建立了智能导览系统，包括 LED 显示屏、门票识别装置、3G 终端以及 IP 摄像头等节点。九寨沟景区的五彩池、诺日朗瀑布、五花海等知名景点，在旅游高峰期人流量较大。智能导览系统允许游客提前确定游览路线，购票时配发带有射频识别标签传感器的门票，游客只需携带装有传感器的门票，即可享受高峰期景区的各种智能化服务。将门票中的服务信息传递到注册中心完成游客初始登记后，在各个景点入口设置读卡器，利用 GPRS 和无线通信等技术对游客进行追踪服务。系统可以实时统计服务信息，分析各景点实际游客数量，并通过网络传输到智能导览系统

的 LED 显示屏上。游客可以根据显示信息自主更改游览路线。例如，当五花海游客量超过 2000 人时，LED 显示屏会出现“已饱和”提示，自动引导游客前往未饱和景区游览。

（二）优化九寨沟景区瞬时高峰游客的管理与服务

1. 深入查找九寨沟景区管理漏洞，提升服务质量

为了优化九寨沟景区的管理和服务，不仅需要重视网络互动和社交媒体营销，还要运用大数据统计分析来深入了解游客的反馈数据。通过挖掘和分析这些数据，可以发现景区管理和服务中的盲点，并根据发展趋势进行预警。这样，九寨沟景区就能更有针对性地提升管理和服务水平，为游客提供更加优质和个性化的体验，如图 3-4 所示。

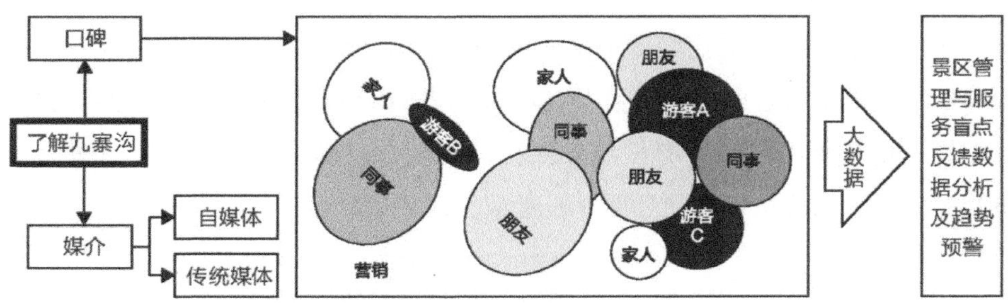

图 3-4　九寨沟游客服务平台

2. 做好大数据统计分析，引导游客享受最佳服务

通过对各种预售信息进行大数据统计分析，可以初步预测次日进入景区的游客量范围。结合航班、陆路交通以及天气等综合因素，还能初步判断次日游客量的增长趋势范围。这些分析结果为次日景区的运营方案提供了科学的决策依据。此外，还可以通过公众服务信息发布平台，向游客发布相关信息，引导游客享受最佳的服务体验，如图 3-5 所示。

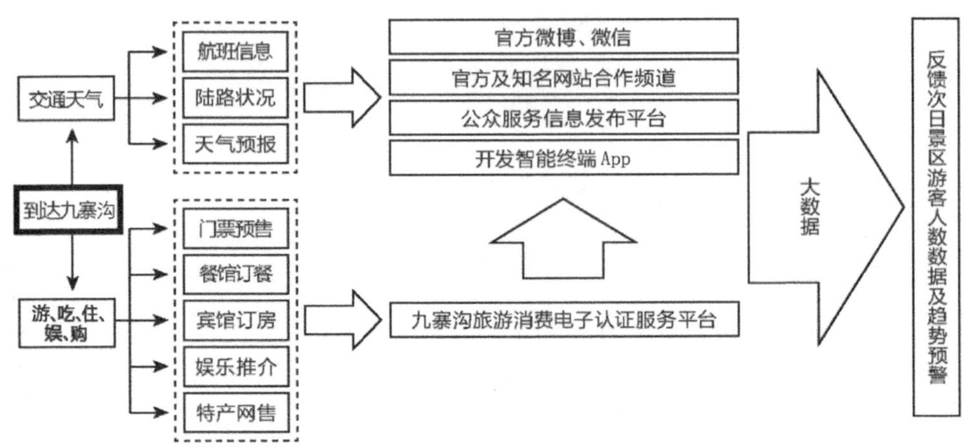

图 3-5　利用销售数据分析次日游客人数

3. 制定预警机制，确保科学决策

运用大数据技术对门禁票务数据和视频人流分析数据进行实时分析。这些分析将提供每时段的进沟人数及其增长趋势、出沟人数及其增长趋势。同时，设定了“增长预警”和“增长趋势预警”机制，以确保为景区的实时运营提供及时、科学的决策依据，如图 3-6 所示。

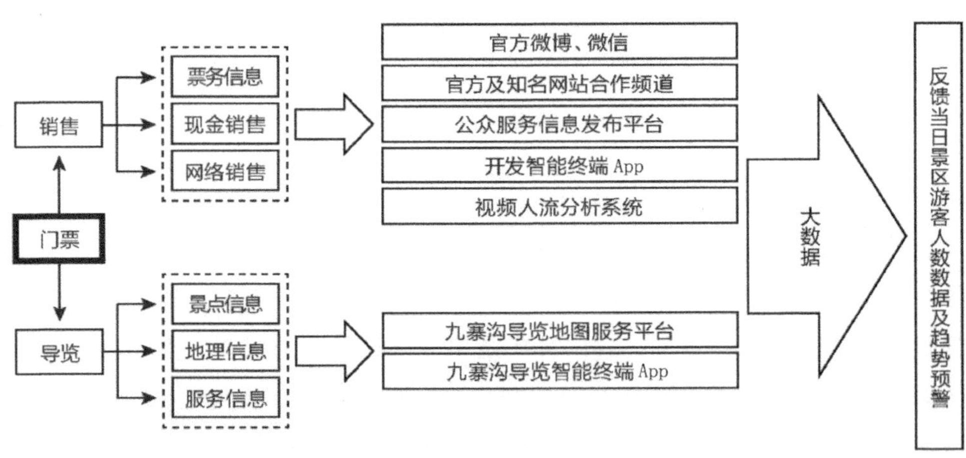

图 3-6　利用门禁数据分析次日游客人数

4. 优化车辆运营与调度，提供好观光服务

观光车作为景区服务的核心工具，对于瞬时高峰游客的管理与服务能起

到关键作用。因此，必须全面实时采集观光车的数据，以利用大数据分析景区的运营状况和发展趋势。这些数据包括 GPS 实时定位、车内人数统计、车内视频捕捉、站点人数统计以及对讲管理系统数据等。

大数据的首要应用是实时预警各种参数及趋势，确保其在可控范围内。在预警范围内，实施“站点人流决定车流”的策略；一旦超出预警范围，则采取“车流限制站点人流”的措施，如临时关闭超载站点，引导游客走栈道分流，为老弱病残提供优先服务或特别帮助。可利用公众服务信息发布平台实时指导游客，确保站点秩序井然。同时，结合自媒体反馈的服务盲点预警，及时采取补救措施，并为站点管理与服务人员提供科学的决策依据。

此外，利用最近 1 ~ 2 年的观光车运营数据，可以构建景区车辆调度模型。针对不同预警范围，逐年优化景区车辆的运营调度方案，确保游客获得最佳的游览体验，如图 3-7 所示。

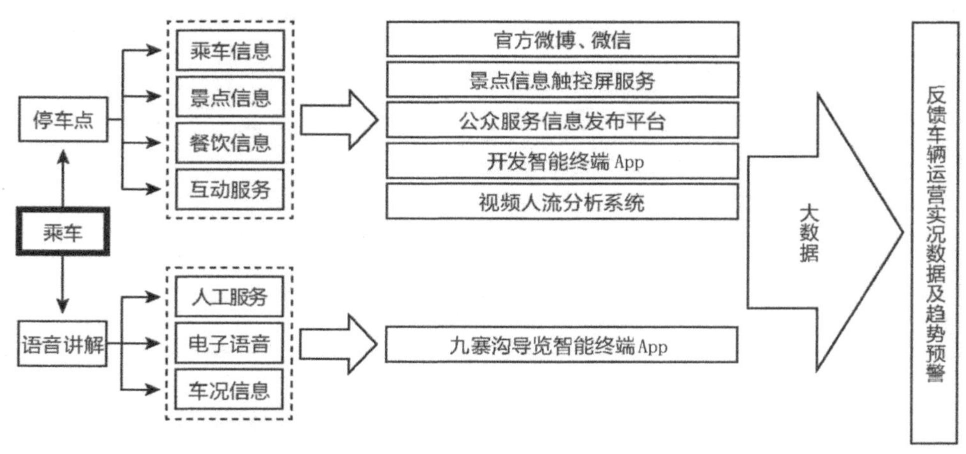

图 3-7　利用观光车数据分析次日游客人数

5. 构建景点游客承载量模型，做好游客分流

景点作为核心缓冲区域在景区瞬时高峰游客管理与服务中扮演着关键的角色。因此，景点及其周边区域应建立封闭环境的实时人流统计数据采集系统。

大数据的首要应用是对各种参数及趋势进行实时预警，确保其在可控范围内。在预警范围内，采取“景点人流引导车流趋势”的策略；一旦超出预警范围，则采取“车流引导景点人流趋势”的措施，例如，在车辆承载负荷过大时，临时关闭部分停车站点，引导游客选择栈道分流，并为老弱病残提供优先服务或特别帮助。

此外，可利用公众服务信息发布平台实时为游客提供引导，确保景点和栈道的秩序井然。同时，结合自媒体反馈的服务盲点预警，及时采取补救措施，并为景点及栈道的管理与服务人员提供科学的决策依据。

根据各景点及景区栈道实时人流统计的数据，计算景点游客承载量，持续优化并完善各景点及景区栈道的旅游景区管理办法，为游客提供更加优质的游览体验，如图 3-8 所示。

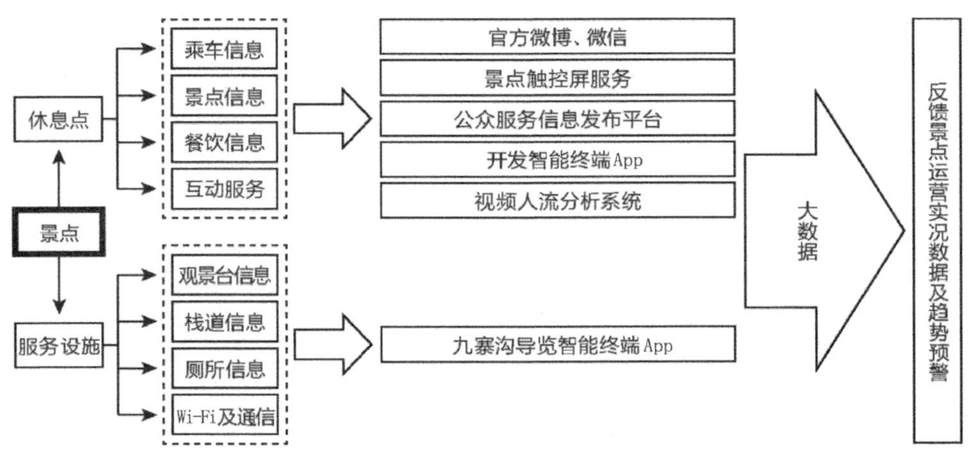

图 3-8　利用景点数据分析次日游客人数

6. 构建午餐区游客承载量及分流模型，为游客提供舒适体验

午餐区的构建不仅为游客提供餐饮服务，还为景区在瞬时高峰期间进行有效的游客管理与服务提供了帮助。因此，进行停车场车辆统计和就餐区人流统计的数据采集至关重要。

利用大数据进行实时预警，确保各项参数和趋势在可控范围内。在预警范围内，做好车流引导、就餐人流引导。一旦超出预警范围，将午餐区临时转变为大型停车站点，增加休憩服务场地及设施，以应对车流超出承载负荷的情况。同时，景区服务人员可引导游客选择栈道分流或在休憩区购物休息，尤其是做好老弱病残的优先通行或个体特别服务。

利用公众服务信息发布平台实时为午餐区游客提供引导，确保秩序井然。

结合自媒体反馈的服务盲点预警，及时采取补救措施，并为午餐区的管理与服务人员提供科学的决策依据。

此外，利用最近 1 ~ 2 年的午餐区全方位人流统计数据可以构建午餐区游客承载量及分流模型。针对不同预警范围，逐年优化和完善午餐区的管理与服务方案，为游客提供更加舒适和便捷的餐饮体验，如图 3-9 所示。

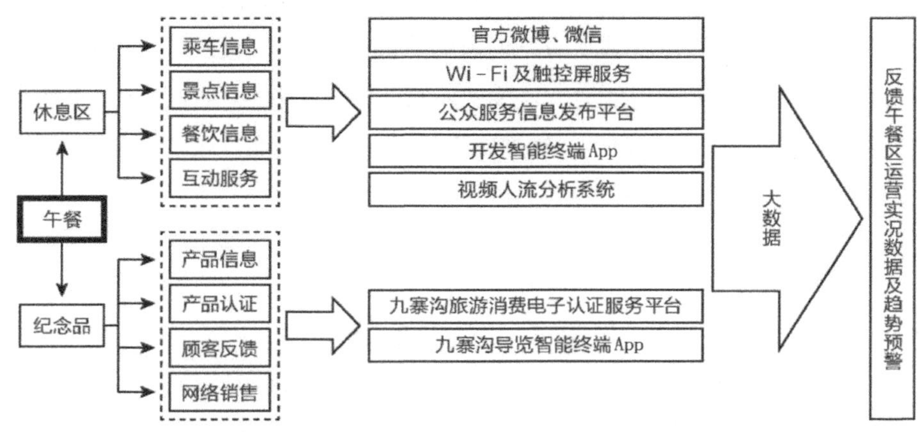

图 3-9　利用午餐数据分析次日游客人数

7. 游客离景信息的采集，优化营销策略

游客离景是大多数景区容易忽视的一项服务项目，也是获取景区服务盲点最佳阶段，还是开展口碑营销成本最低的重要阵地。因此有必要做好游客离景信息的采集，优化完善景区管理与服务盲点及营销策略，如图 3-10 所示。

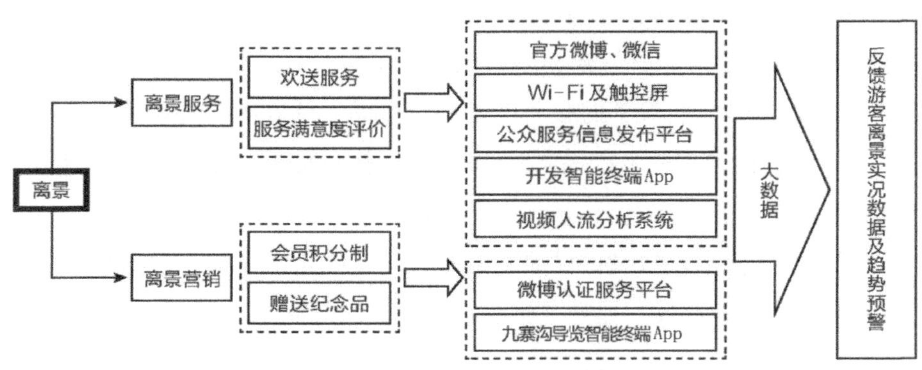

图 3-10　利用离景数据分析次日游客人数

二、乐山市文旅大数据中心数字文旅发展模式

（一）案例概况

乐山市文旅大数据中心数字文旅发展模式是地方政府结合智慧旅游理念，推动全域旅游转型升级的典型案例。通过搭建“文旅行业云”平台，乐山市实现了从数据整合、智慧管理到服务创新的全链条优化，有效提升了旅游产业的综合竞争力和可持续发展能力。该模式不仅为游客提供了更加便捷、个性化的旅游体验，也为地方政府和景区管理者提供了科学决策和高效管理的有力支撑。

（二）案例具体措施

1. 构建全域旅游大数据共享标准

（1）数据整合：乐山市整合了包括 A 级景区、文化场馆、区县运营数据在内的全域旅游数据资源，形成了一个全面、准确的数据仓库。

（2）数据共享交换平台：通过建立数据共享交换平台，乐山市实现了各部门、各景区之间的数据互通，打破了信息孤岛，提高了数据使用效率。

（3）统一信息标准：制定统一的信息标准，规范了数据资源的共享、交换和管理机制，确保了数据的准确性和一致性。

2. 云化服务消除数据孤岛，赋能中小景区

（1）物联网技术应用：利用物联网技术，乐山市实现了旅游系统与移动设备的数据互享、互联、互通，为景区提供了实时、准确的数据支持。

（2）低成本、高效率的服务产品：通过提供低成本、高效率、专业性和开放性的营销与管理服务产品，乐山市帮助中小景区实现了数字化转型，提升了市场竞争力。

（3）赋能信息化建设：目前，该模式已赋能乐山市多个中小景区信息化建设，取得了显著成效，提升了旅游系统的整体效能。

3. 新模式构筑文旅数字经济产业

（1）整体升级：通过“文旅行业云”在景区管理、营销和服务上的整体升

级，乐山市实现了应用和数据资源上的互联互通，提升了旅游产业的信息化水平。

（2）新模式构筑：形成了“人在游，数在转，云在算”的新模式，实现了旅游产业与数字经济的深度融合。

（3）全域开放、生态共荣的产业环境构筑：构筑了全域开放、生态共荣的文旅数字经济产业环境，推动了乐山文化和旅游产业的技术引领、市场互通和资源共享。

（三）案例创新做法

1. 创新智慧旅游服务模式

（1）大中台、小前台架构：通过采用“大中台、小前台”的云服务架构，乐山市实现了文化和旅游单位的信息化服务的集中管理和灵活应用，提高了服务效率和质量。

（2）全方位应用支持：从服务营销、行业生产、产业监测、运营管理四个维度为行业主管部门以及涉旅单位提供应用服务和数据服务，实现了全方位的支持和保障。

2. 打破数据壁垒，促进数据共享

乐山市通过建立数据共享交换平台，成功实现了各部门与景区间的数据互联互通，从而有效消除了数据孤岛现象。此举打破了原有信息壁垒，大幅提升了数据的流通效率和利用价值。

为确保数据的准确性和一致性，乐山市还制定了统一的信息标准，对数据的共享、交换和管理机制进行了规范化。这不仅强化了数据治理，更为政策决策提供了坚实的数据支撑。

3. 助力中小景区信息化建设

乐山市积极运用物联网技术，实现了旅游系统与移动设备的无缝对接，为中小景区提供了实时、精准的数据支持。这一举措有力推动了中小景区的信息化建设进程，提升了其信息化水平。

同时，乐山市还提供了一系列低成本、高效率、专业且开放的营销与管

理服务产品，帮助中小景区实现了数字化转型。这不仅降低了中小景区的运营成本，还显著提升了其市场竞争力，为其长远发展奠定了坚实基础。

4. 构筑文旅数字经济产业

（1）整体升级与互联互通：通过“文旅行业云”在景区管理、营销和服务上的整体升级以及利用“一张地图游乐山”实现应用和数据资源的互联互通，乐山市构筑了文旅数字经济产业环境，推动了旅游产业与数字经济的深度融合。

（2）技术引领与市场互通：乐山市找准文旅数字经济新增长点，释放协同效应，推动了乐山文化和旅游产业的技术引领、市场互通和资源共享，加速了形成乐山文化和旅游产业增长极的进程。

通过上述具体措施和创新做法的实施，乐山市文旅大数据中心数字文旅发展模式不仅提升了旅游产业的综合竞争力和可持续发展能力，也为地方政府和景区管理者提供了科学决策和高效管理的有力支撑。同时，该模式也为其他地区推动全域旅游转型升级提供了有益的借鉴和参考。

三、基于大数据的“烟台文旅云”平台

（一）案例概况

在烟台市文化和旅游局的主导下，“烟台文旅云”作为智慧文旅公共服务平台于 2020 年 3 月 28 日正式启动。该平台遵循“政府主导、社会参与、重心下移、共建共享”的原则，以“一个平台、一个体系”为技术标准，构建了“1+3+N”的智慧文旅服务模式。其中，“1”代表智慧文旅大数据中心，“3”涵盖智慧服务、智慧营销和智慧管理三大功能，“N”则代表多样化的应用服务，包括网站、App、小程序和手机网等。这些服务遵循“智、尚、趣”原则，覆盖消费者、企业和政府部门等不同用户群体，确保内容展示丰富、信息发布及时、交流渠道畅通、诉求得到回应以及消费安全便捷。

（二）案例具体做法

1. 打造大数据烟台智慧文旅中心

各相关部门积极与大数据、金融、公安等部门进行对接，同时融合汇集

各地旅游公司、同程等互联网旅游数据信息。烟台市各区市及文旅主体还积极与国家公共文旅云、好客山东网等平台沟通，将信息融为一体，形成了烟台市文旅智慧中心。该中心已对接了三百多项数据源，涵盖了十几亿条数据条目，单就旅游要素相关数据已形成了采集、存储相统一、分析处理数据和应用融合共享的旅游信息体系。

2. 丰富功能应用，实现智慧服务升级

“烟台文旅云”平台的功能应用丰富，融合了三十多项服务应用，推出了丰富的主题产品，如精品慕课、艺术欣赏、非遗体验等。同时，实现了烟台市 4A 级以上景区的分时预约和旅游产品的在线订购功能，还新增了“智能魔镜”“我在现场”等沉浸式智能体验场景，用户的互动体验更加完美。及时意见反馈、客户点单的功能，促进了“放管服”服务进程，烟台市文旅公共服务事项的查询与办理效率得到了某种程度的提升，大数据智慧服务升级优化了文旅需求的反馈与互动功能。

3. 构建旅游推广平台，实现智慧营销创新

建立线上文旅推广中心，宣传烟台市优质文旅资源，全市七十多家 A 级旅游景区的 VR 体验和云导览清晰可见。通过丰富多彩的文旅活动、旅游精品在线直播、优化旅游线路等措施，构建宣传、展示、销售一体化消费平台，实现了资源共享、快捷精准的旅游产品智慧营销。

4. 强化管理职能，实现智慧管理提效

为了进一步提升管理效能，开发了一系列监管系统，包括安全监管和文物监管等系统，包括全市 36 家要素主体、91 个客流监测点位和 462 路视频监控信号，实现了客流的远程实时监测、游客分布的实时跟踪以及热点区域的实时预警。同时，联合 21 家 4A 级旅游景区开发了预约系统，实现了智慧化线上预约和无纸化、无接触通行入园。建立了诚信系统，对要素主体的服务质量进行及时跟踪、动态评价，真正实现了一云通揽、高效集成的智慧化管理。

（三）案例创新举措

1. 行业数据整合的创新

突破数据壁垒，实现数据资源的共享与互通。利用现代信息技术，如互联网、大数据、云计算、物联网、AI、LBS 和 VR 等，依据信息规范、融合标准、数据管理、技术体系“四个统一”的原则，以市民游客的需求为导向，将文旅政务管理体系与公共服务体系紧密相连，实现国家、省、市、县、企五级数据信息的深度融合与共享，为市民游客提供数字化支撑和智能化的一站式服务，为文旅企业提供营销与运营的坚实支撑，同时为政府部门提供决策管理的有力参考。

2. 服务供给模式的创新

优化服务供给，推动旅游服务供给侧结构性改革的落地实施。依托网站、App、小程序、手机网“四端”，结合全年贯穿的“烟台人游烟台”主题节庆品牌，构建“线下 + 线上”的旅游产品供给与服务机制，全面展示烟台的优质旅游资源和产品，以及行业的工作举措和成效。通过机制体制的创新，转变现有的政府信息服务模式，推动文化和旅游领域的流程优化与再造，将旅游服务与群众需求建议反馈进行系统化、常态化的呈现，为市民游客提供智慧旅游服务的“一站式窗口”。

3. 智慧服务形式的创新

烟台文旅从游客的兴趣爱好、游览特性等需求和习惯出发，以创新形式、智慧服务为目标，为游客的吃饭、行走、游览、购物提供数字化、智慧化服务。通过智能化平台为游客精准推送文旅资讯和产品、推荐交通出行最优线路及行程规划，同时多渠道融合互联网服务，最终形成“一云多屏”的多方位云服务网络。

4. 营销推广渠道的创新

通过搭建虚拟与现实相融合的沉浸式体验场馆，不断提升旅游产品供给

能力和服务品质。开拓高标准、智能化的营销推广渠道，从而增强营销能力。优化整合旅游产品、文创精品，让文旅资源更好地为广大游客服务。

5. 智慧管理体系的创新

利用人工智能物联网、大数据等技术，提升数据分析、处理和应用能力，高效精准、随时调控。同时，加强旅游安全监管与应急救援体系建设，构建“大数据＋旅游”动态监测安全管理体系。开发数字化文物博馆，加强旅游文化及文物资产的保护，传承和创新丰厚的文化资源。利用物联网、大数据、人工智能等技术，提升数据分析和数据应用能力，实现高效精准、即调即控的智慧化动态管理。

（四）案例实施效果

1. 智慧旅游服务覆盖面的显著扩大

“烟台文旅云”平台不仅覆盖了网站、App、小程序、手机网等多终端应用，还成功建立了包含 36 个智慧服务应用集群的综合性平台，累计发布各类资讯信息 6.2 万条，吸引了 440 余万用户，总浏览量更是超过了 3000 万人次。该平台为市民游客、旅游企业、管理部门等不同用户群体提供了游玩推荐、VR 全景、智能导游、产品预订等主题产品，为游客提供了很好的智能化个性服务，有效推动了智慧旅游服务的普及和深化。

2. 旅游消费市场的有效刺激

“烟台文旅云”平台每年发布上万条文旅活动资讯，并通过线上销售平台和“烟台文旅云直播”等渠道，有效拉动了旅游消费。特别是“烟台文旅云直播”平台，自 2020 年 3 月开播以来，已成功推出各类营销宣传直播活动 270 余场次，累计观看量超过 1600 万人次，为激发市场消费活力、促进旅游产业发展做出了积极贡献。

（五）案例推广价值

“烟台文旅云”平台形成了服务面广而高效的智慧化旅游服务体系，成了烟台地方文旅数字资源的汇聚中心和百科全书。同时该平台也成为文旅公共服务的常开窗口和百姓文化旅游生活的展示舞台，满足了人民群众对美好生活的新期待、新需求，为实现文旅融合发展、提升智慧旅游科技应用水平、增强文旅公共服务普惠性等方面提供了可借鉴的新路径。鉴于其良好的示范效应，2020年9月，烟台市被山东省文化和旅游厅确定为“好客山东云游齐鲁”智慧文旅试点城市，为其他地区提供了宝贵的经验和启示。

四、唐山南湖·开滦旅游景区：智慧旅游新标杆，全方位提升游客体验

（一）案例概况

唐山南湖·开滦旅游景区，作为唐山文化旅游的标志性名片，正逐步蜕变为智慧旅游的新高地。景区以“提升管理、规范运营、服务游客”为指导原则，致力于通过智慧化手段提升游客体验，推动文化旅游产业的创新发展。

（二）案例具体做法

在具体做法上，唐山南湖·开滦旅游景区采取了一系列创新举措。首先，通过微信小程序与腾讯地图的结合，为游客提供了详尽的景点导航、停车场指引、服务设施查询和景区业态介绍。其次，景区利用5G、人工智能、云计算、物联网和大数据分析等前沿技术，打造了独具唐山特色的专属手绘地图，为游客提供了沉浸式的游览体验。此外，景区还通过智慧化手段，实现了对游客的全方位服务，包括GPS定位、VR全景体验、人脸识别、体温检测以及大数据行为分析等。

（三）案例创新举措

在创新举措方面，唐山南湖·开滦旅游景区构建了视频融合、综合防范、智慧消防、生态安全、门区管理、车场管理、车船管理、业态管理等八大管理系统模块，形成了集数据中心、视频中心、指挥中心、业务中心于一体的全周期智慧化平台。这一创新不仅推动了景区的智慧化发展，更为南湖景区争创国家5A级旅游景区提供了坚实的技术支撑。同时，这些创新举措也为其他旅游景区提供了宝贵的经验和借鉴，推动了整个旅游行业的智慧化进程。

五、南京市牛首山文化旅游区：智慧旅游系统建设与应用实践

（一）案例概况

作为南京市“十二五”期间的重大文化项目，牛首山文化旅游区在挖掘生态资源、文化资源和旅游资源的基础上，以“世界佛教文化新遗产、当代建筑艺术新景观”为建设定位，打造“生态、文化、休闲”三大胜境，建成了自然风光秀美，智慧服务、智慧营销和智慧管理综合集成的智慧旅游系统。

（二）案例具体做法

通过深入调研、体系化设计以及全面的系统建设，牛首山文化旅游区成功打造了一个集智慧服务、智慧营销、智慧管理于一体的智慧旅游系统。这一智慧旅游系统不仅提升了游客的游览体验，也为景区的管理和运营带来了革命性的变革。

1. 规划背景与顶层设计

在规划之初，牛首山景区组织了一个专业团队，对国内各大城市景区的智慧旅游建设和运营情况进行了深入细致的调研和分析。为了制定符合景区实际情况和发展需求的智慧旅游规划，该团队还邀请了国内知名的智慧旅游规划单位对牛首山景区进行体系化设计。经过精心编制，《牛首山智慧旅游总体规划》应运而生，成为景区智慧旅游建设的顶层设计文件。

2. 智慧旅游建设的原则与目标

在智慧旅游建设过程中，牛首山景区遵循统一规划、统一标准、信息共享、高度集成、系统协同、分步实施的原则。这些原则确保了智慧旅游系统的顺利推进和高效运行。同时，该景区着眼于统一数据标准、统一基础信息、统一地理信息、统一交换接口、统一技术平台，旨在利用现代信息技术实现景区智慧化运营，提升游客体验和管理效率。

3. 智慧旅游系统架构

在智慧旅游系统架构方面，牛首山景区按照不同维度进行了全面建设。

一是基础设施支撑平台的建设，为整个智慧旅游系统提供稳定的基础。二是两大集成支撑平台的建设，包括数据交互平台和统一服务平台，实现数据的高效交换和服务的集中管理。三是三大类智慧旅游应用系统的建设，包括智慧服务、智慧营销、智慧管理，为游客提供便捷、个性化的服务。四是应急指挥调度、设备智能化集成管理、综合管控集成三大平台的建设，确保景区安全、稳定、高效运营。

4. 智慧旅游应用系统与综合管理平台详情

在智慧旅游应用系统和综合管理平台方面，牛首山景区涵盖了多个子系统。智慧服务系统为游客提供全面的服务支持，包括公共广播系统、售检票系统、智能停车场系统等，满足了游客在景区内的各类需求。智慧营销系统则通过网站、App、社交媒体等平台，实现精准营销和品牌推广。智慧管理系统则通过视频监控系统、信息采集与发布系统等，提升景区的管理水平和运营效率。这些子系统的协同作用，共同构成了牛首山景区智慧旅游的核心体系。（周慧敏，2021）

（三）案例创新举措

经过六年的持续建设与运营，牛首山智慧旅游已经形成了“统一标准、权限分离、线上线下、深度融合”的独特体系。牛首山景区智慧旅游建设的特色和成果得到了各级主管部门及同行的高度认可，先后获得了江苏省“互联网+”智慧旅游示范项目、江苏省首批“旅游+互联网”示范项目、江苏省数字文化和智慧旅游优秀项目、江苏省智慧旅游景区等多项殊荣。（潘云，2019）

1. 统一规划，分步实施

智慧旅游的建设是一个涉及面广、技术和资金密集型的系统工程。牛首山景区在智慧旅游的建设过程中，充分考虑到景区的实际需求，以经济实用性为考量原则，分阶段实施建设。具体做法为：先针对基础支撑系统、信息设施系统进行建设；再逐步推进信息应用系统集成服务、功能优化更新升级等递进需求。这种有序、渐进的建设模式确保了项目的顺利进行。（万津津等，2019）

2. 革新技术，创新模式

牛首山景区在智慧旅游的建设过程中，依托其独特的景区资源、各单体建筑业态分类和构成状况、业务运营和景区经营管理需求，结合技术的实用性、经济性与成长性，积极吸纳新的技术手段，特别是加强了物联网、互联网、云计算、移动通信、地理信息系统（GIS）、导航定位等信息技术应用，推动了景区管理、服务和营销模式的集成创新。

3. 系统集成，兼容并蓄

在智慧旅游的建设之初，牛首山景区就充分融入了系统集成的思想，推进了数据接口对接、数据交互、单点登录、统一身份认证等工作。这种系统集成和信息综合应用的方式，确保了景区智慧管理、智慧服务与智慧营销系统的集成共享，避免了“信息孤岛”和“服务孤岛”的现象。

4. 统一平台，权限分离

牛首山景区运用“统一平台，权限分离”的架构思想，将用户权限与景区组织架构相对应。用户根据其权限获得相应的应用功能模块，这实现了景区的服务管理职能，同时确保了数据和软件的完整性、准确性和可用性。这种权限分离的设计，既满足了景区管理的需求，又保护了用户的数据安全。

5. 理念先进，保障到位

在智慧旅游系统的建设过程中，牛首山景区始终坚持先进的建设理念，确保了智慧旅游系统能够满足景区内不同业务部门的不同需求。同时，在组织实施、建设督查以及后期的运营维护环节中，牛首山景区都制定了切实可行的制度加以保障。这些措施有力地保障了智慧旅游系统建设的稳步推进和示范引领。

总结来说，牛首山智慧旅游的成功建设，不仅提升了景区的服务质量和运营效率，也为智慧旅游的发展提供了有益的参考和借鉴。未来，牛首山将继续深化智慧旅游建设，推动景区持续发展和创新升级。

（四）案例实施效果

在科技浪潮的推动下，牛首山风景区积极拥抱智慧旅游的新理念，通过深度开发“服务智慧化、营销智慧化、管理智慧化”的科技系统，实现了景区内部运营的智能化管控、业务间的高效协同，以及游客服务、监控、调度、管理与规划决策的高度集成。这一创新实践不仅推动了景区资源环境、服务管理的全面、协调和可持续发展，更为智慧旅游领域的发展提供了宝贵的经验与启示。

1. 智慧化服务：超越传统的游客体验

牛首山风景区以游客需求为导向，建立了全方位、多层次的智慧化游客服务体系。尤其是景区内的广告栏、触摸屏、显示大屏会定时或不定时地发布各类资讯，很好地为游客提供了实时信息。自助机提供的多国语言自助导览服务，以及全覆盖的免费 Wi-Fi，让游客在享受美景的同时，也能感受到信息时代的便捷。在线上，游客可以通过景区官网、微信、微博等平台轻松获取景区资讯，实现网上订票、支付，并通过手机二维码、身份证快速入园。此外，车载导览器、语音导览器、智能停车场系统等智能化设施，也为游客提供了更加高效、便捷的服务体验。

2. 智慧化营销：精准触达每一位游客

在智慧化营销的推动下，牛首山风景区通过对精准的移动互联网数据进行采集与分析，实现了对游客需求的深度挖掘与精准把握。同时，牛首山景区对售检票系统、微信、微博等平台的各类数据进行整合与分析，为景区的营销策略提供了有力支持。此外，景区还通过互联网获得游客的行为、喜好、画像等精准数据，为游客定制个性化的服务方案，实现精准营销。这种以游客为中心的智慧化营销模式，不仅提高了营销效率，也提升了游客的满意度与忠诚度。（郑剑红等，2019）

3. 智慧化管理：提升运营质效与风险管理能力

牛首山风景区通过建立智慧化管理体系，实现了应急指挥调度与信息化

管理的一体化。依托讲解员管理、游览车调度、信息收集与发布、广播、监控等10多个子系统，牛首山景区实现了对各项工作的实时监控与智能调度。大数据和算法逻辑的应用，更是将智能终端植入景区基础设施、景管通平台，实现了设备监控、客流监控、工作人员管理等流程的可视化和智能化运作。这种在智慧化管理模式下的实施，不仅提高了景区的运营质效，也增强了景区对风险的主动预测与智慧处理能力。（樊晓鹏等，2019）

4. 智慧化数据分析：为决策提供精准数据支撑

在智慧化数据分析方面，牛首山风景区通过实现多系统数据的共享、融合与统一管理，汇聚了景区多类型、多渠道、多场景的碎片化数据。通过采用模块化、可拓展的应用模式，牛首山景区打通了各类软硬件，将碎片化数据整合汇聚为可视化、可交互的景区大数据。这些数据不仅为景区的智慧服务、智慧营销、智慧管理提供了精准的数据支撑，也为景区的规划与发展提供了有力的决策依据。

总之，牛首山风景区在智慧旅游建设方面的探索与实践，不仅提升了游客的满意度与忠诚度，也提高了景区的运营质效与风险管理能力。同时，牛首山景区的成功实践也为其他景区提供了有益的借鉴与启示，推动了智慧旅游领域的快速发展与普及。

六、智慧管理赋能武夷山：南平市景区服务效能全面提升

（一）案例概况

武夷山是全国首批智慧旅游试点景区，先后获得住房和城乡建设部十佳智慧景区、福建省首批五钻级智慧景区等荣誉，也是2019年度数字福建100项人工智能应用示范项目。近年来，环境保护与生态资源监测成为景区管理工作的重中之重。全域旅游聚焦美好生活，旅游与文化、科技、生态深度融合创新备受关注。在发展提升旅游业和生态环境保护工作中，以信息化、数字化推动文化和生态旅游深度融合，成为时代新趋势。

随着5G、人工智能、云计算等信息技术的成熟应用，引进智能化、人工

智能分析、大数据、人脸分析等各类信息化技术手段，实现智能管理，已经成为武夷山景区线上线下服务一体化发展的内在需求。

（二）案例具体做法

1. 智慧管理与大数据的深度融合

智慧管理在武夷山景区的应用，实现了景区依托大数据的深度整合与应用。通过打造景区官方网站和微信公众号平台，武夷山景区成功提升了信息化水平，整合了多维度信息资源，并与高铁、酒店、高速公路等提供的数据信息进行无缝对接，优化了客流预判系统，为游客提供了全方位、个性化的旅游体验。

2. 三维综合应用平台的创新应用

武夷山景区引入的三维综合应用平台，实现了对客流、竹筏、管理人员、车辆的实时监控与数据分析。三维综合应用平台不仅提供了实时信息对接、统计、定位及轨迹查询功能，还增强了景区内部的数据可视化和管理决策能力。通过这些功能，武夷山景区能够有效控制门票分时分段预约、错峰入园，并实现客流量的实时监测和预警机制，确保游客的安全与舒适体验。

3. 车辆管控的智能化升级

在车辆管控方面，武夷山景区实现了智能化升级。通过建设内部车辆管控系统，景区利用车载终端设备实时传输车辆的定位信息至指挥中心，结合前端人流密度分析数据，指挥中心能够精准调度车辆，实现实时分流管控。这一举措有效缓解了景区内的拥堵情况，提升了游客的游览体验。

4. 精准定位技术的创新应用

武夷山景区还借助 GPS、蓝牙等定位技术为游客提供精准定位服务。定位系统能够自动向游客推送当前景点的语音讲解和图片信息，使游客在享受美景的同时，也能获得深入的文化解读。这种数字化手段不仅加强了语音讲解器与景区实体的结合，还为游客带来了更加便捷、精准和精细化的旅游体验。

这一创新应用展示了智慧旅游在提升游客满意度和增强景区吸引力方面的重要作用。

（三）案例实施创新点

1. 智慧管理创新

武夷山景区通过智慧管理创新，实现了游客体验的全方位提升。游客可通过官网、公众号等平台实名预约门票，享受实名制带来的便利。同时，通过采集与分析线上预订数据，景区能够精准预测游客量，优化资源配置。此外，景区还运用实时入园数据、客流监控摄像机和区域密度摄像头，全面了解园内游客分布，确保游览安全。比如，在车辆管理方面，武夷山实施了电脑录入与报备车辆卡口自动放行，提高了入园车辆管理效率。同时，通过智能识别技术，实现了动态预警，保障游客安全。

2. 智慧载体创新

在智慧载体方面，武夷山景区采用了先进的定位技术，例如GPS、蓝牙等，为游客提供精准定位服务，自动推送当前景点的语音讲解和图片信息，增强了游客的游览体验。同时，景区还通过智能拍照装置，为游客提供方便快捷、寓教于乐且充满记忆点的游玩体验。此外，武夷山景区还推出了VR、AR地图等科技体验应用，帮助游客实现“虚拟游览”，打破了传统景区的参观时间和空间限制。

3. 智慧服务创新

在服务创新方面，武夷山景区借助互联网共享技术，推出了共享导游服务，解决了散客导游需求难题。游客可根据自身行程自由预约导游、景区讲解员，实现资源共享。同时，通过B2B与B2C系统，平台帮助导游实现技能、服务转化价值，促进了旅游碎片化产品、资源的销售。此外，游客可对服务进行评价，管理部门通过系统进行有效监管，提升了服务质量和透明度。

（四）推广价值

武夷山景区智慧管理平台通过互联网科技，将景区旅游资源、相关景点、公共服务与游客需求紧密结合，形成了全面覆盖景区游览的智慧服务系统。这一系统不仅提升了游客体验，也优化了景区管理效率。

武夷山景区智慧管理平台利用大数据资源，实时、准确地掌握了游客的活动信息。通过高效整合数据，传统的事后管理模式转变为过程管理和实时管理模式，从而增强了游客与景区之间的互动，也提高了管理效率和游客满意度。

武夷山景区智慧管理平台通过共享信息技术，促进了武夷山景区各部门之间的协作联动。利用游客产生的一系列数据，整个景区构建了预测预警、实时管理和应急管理平台，形成旅游秩序安全井然、游客体验满意的新机制。

依托全域旅游平台，武夷山景区能够主动获得并分析游客的停留时间、年龄、来源地等信息，为精准营销决策提供有力支撑。同时，通过数据分析和舆情监控，武夷山景区挖掘游客兴趣点和旅游热点，实施精准服务和数字化管理，让每个游客拥有满意的个性化体验。这一创新实践展示了智慧旅游在提升游客满意度和增强景区竞争力方面的重要作用。

七、崂山风景名胜区：智慧旅游建设的先行者与全域旅游发展的典范

（一）案例背景

崂山风景名胜区，作为首批国家重点风景名胜区之一，始终站在智慧旅游发展的前沿。作为国内较早启动智慧景区建设的5A级景区，崂山风景名胜区在科技与创新的驱动下，不仅建立了全域旅游大数据中心和综合智慧管理、应急指挥调度、视频共享三大平台，更在2020年全面升级了全网实名制分时预约售检票系统等关键业务系统。这些举措不仅提升了景区的管理效率和应急响应能力，更为崂山全域旅游示范区的建设注入了新的活力。

通过智慧旅游的建设，崂山风景名胜区实现了从传统旅游向现代旅游的华丽转身，以崂山为龙头，带动了乡村旅游、滨海度假、主城区文旅行业的持续繁荣。这种发展态势不仅丰富了游客的旅游体验，也为地方经济和社会发展带来了深远的影响。此外，崂山风景名胜区的智慧旅游实践，也为其他

景区提供了宝贵的经验和启示，成为智慧旅游发展的典范。

（二）案例具体做法

崂山风景名胜区通过全网预约售票系统，实现了全渠道服务的覆盖。官方微信公众号、微信小程序、支付宝和景区官网等渠道，为游客提供了便捷的购票和预约方式。这一举措确保了游客可以随时随地选择自己熟悉的渠道进行购票，从而提升了用户的购票体验。

在个性化营销方面，崂山风景名胜区针对有特定需求的人群推出了尊享崂山定制产品，由专业团队为特需游客提供一对一服务。同时，为吸引民宿客源，景区还推出了半价游崂山的优惠政策，并通过技术手段实现了住宿游客的“无感”购票。此外，崂山风景名胜区也成功推出面向市民的优惠年卡，通过赠票方式吸引了本地游客，让他们能够深入游览和体验崂山的风情。（黄鑫等，2019）

在自动化管理方面，崂山风景名胜区根据游客的游览习惯合理调配了景区的时空资源，为游客提供了精准的预约与出行建议。通过大数据平台实时监控游客流量，景区能够对客流趋势进行预判，并实现快速调控与决策。此外，景区还推进了无接触“一证（码）通”服务，支持多种官方售票方式与全渠道支付形式，确保了无障碍旅游的实现。最后，通过全面升级改造检票闸机，推行刷脸入园技术，景区为游客提供了快速、无感的验票流程。

（三）案例创新举措

崂山风景名胜区在个性化营销方面做出了创新尝试。通过推出尊享崂山定制产品，景区为有特殊定制需求的人群提供了高端旅游体验，树立了定制旅游的新标准。同时，民宿优惠政策的实施，不仅吸引了更多民宿客源，还通过技术手段实现了住宿游客的“无感”购票，为游客提供了更加便捷的购票体验。此外，“尊享崂山 365 年卡”活动的推出也为本地游客提供了更多优惠和便利，让他们能够更深入地游览和体验崂山的风情。

在自动化管理方面，崂山风景名胜区也展现了创新之处。通过实施“一端调控”策略，景区合理调配了时空资源，确保了游客游览的舒适与安全。同时，

"一键预警"机制的实现，使景区能够实时监控游客流量并对客流趋势进行预判，从而实现了快速调控与决策。这些创新举措不仅提升了景区的管理效率，也确保了游客的安全和满意度。此外，景区还推进了无接触"一证（码）通"服务和刷脸入园技术，为游客提供了更加便捷和高效的旅游体验。

（四）案例实施效果

崂山风景区在智慧旅游领域进行了深入探索和实践，通过构建全网分时段售检票系统平台，实现了对传统旅游模式的革新与提升。该系统平台以游客需求为核心，广泛满足了各类客户购票入园的需求，为游客提供了便捷、个性化的服务体验。

（1）崂山全网分时段售检票系统平台通过灵活多变的展示方式，兼容了不同游客的使用习惯。无论是通过银联、微信、支付宝支付还是数字人民币支付，无论是自由行、跟团游还是定制游，游客都能以最便捷的形式完成购票和入园。这种全面覆盖的服务模式不仅提升了游客的满意度，也体现了景区对游客个性化需求的尊重。

（2）精准调控景区的预约量是全网分时段售检票系统平台的一大亮点。通过"一端调控、一键预警"的机制，旅游管理者能够实时掌握核心游览区的游客人数，实现精准到个位数的管控。这种智慧化的监管与控制确保了特殊时期各项管控要求的有效落实，为游客提供了安全、有序的游览环境。

（3）崂山全网分时段售检票系统平台通过大数据分析为景区运营提供了有力支持。实名制分时段预约系统所收集的数据经过深入分析，形成了游客入园画像，准确反映了各游览区的游客接待情况。结合大屏展示技术，景区能够形象直观地呈现实时数据与历史数据的对比，为管理者提供了决策依据。同时，通过数字化分析与图形化展示的结合，景区深入挖掘了最真实的游客数据，使沉淀的历史数据焕发新生，为分析游客特征提供了最具代表性的样本。

（4）崂山全网分时段售检票系统平台助力景区实现了精准化营销。通过从"面营销"向"点营销"的转变，景区能够针对特定区域、年龄等特征

人群进行点对点的营销推广。结合优惠政策与金融杠杆，景区高效转化了潜在客户人群，实现了客源的有效引流。这种以数据驱动的营销策略不仅提升了景区的知名度和影响力，也为景区的可持续发展注入了新动力。

总之，崂山全网分时段售检票系统平台的构建和应用是智慧旅游领域的一次创新实践。通过改变景区旅游排队购买实体票的固有模式，采用符合自身情况进行预约预订的创新做法，该系统平台充分释放了全景区的旅游时空资源，为管理者提供了便捷的营销与运营工具，也为消费者带来了更加放心、舒适的产品体验和消费环境。这一实践不仅为崂山风景区的长远发展奠定了坚实基础，也为其他景区提供了可借鉴的经验和启示。

八、重庆中国三峡博物馆智慧管理平台建设

（一）案例概况

重庆中国三峡博物馆致力于智慧博物馆平台建设，通过整合现代技术和管理理念，将传统的物理展示模式转型升级为数字化、智能化的新形态。这一案例不仅凸显了博物馆在信息化时代的积极探索，而且为其他文化机构提供了宝贵经验。

（二）案例具体做法

重庆中国三峡博物馆进行了全面的顶层设计，确保平台的先进性和可扩展性，抓住规划数据标准、接口规范等关键要素，使各应用系统之间的数据深度交换和融合。同时，该博物馆构建适应博物馆需求的数据交换标准、整体软件架构体系和通用的数据资源格式，提高了系统的可扩展性与兼容性。

为实施“互联网＋博物馆”战略提供信息化基础支撑，强化智慧博物馆的核心功能，重庆中国三峡博物馆强调加强三项建设。一是建设云计算硬件平台和文博专有云资源平台；二是完善设施设备网、办公管理网和公众服务网，提升三网间的逻辑互通、物理隔离和统一服务的能力；三是以先进风险控制理论为基础，建设风险管控指挥中心，实时呈现博物馆整体态势，实现应急

指挥、辅助决策和综合运维等系统运用。

重庆中国三峡博物馆创新构建多维立体管理、智慧服务与文物保护深度融合体系。一是梳理和重构各项业务要素，建立人、物与数据间的双向多元信息交互通道；二是设计“统一平台、基础物联系统集成和扩展业务应用”架构，实现各独立系统的有机集成和数据互联互通；三是整合多个应用系统，实现业务流程的跨部门集成和文物数据的关联使用；四是开发“智慧文博”大数据平台，实现人员和物品信息的动态感知、数据海量存储和业务流程的动态再造；五是建设运行态势全景展示系统，为博物馆智慧管理建设提供宏观层面的科学决策依据。

（三）案例创新举措

重庆中国三峡博物馆在智慧博物馆平台建设中的创新举措主要体现在以下几个方面。

（1）通过全面的顶层设计确保了平台的先进性与可扩展性，为博物馆的数字化转型提供有力支撑。规划数据标准、接口规范等关键要素，确保平台持续升级和扩展，满足博物馆不断变化的需求。

（2）构建三大通用体系推动博物馆智慧化转型。一是私有云平台提供强大信息化基础支撑；二是全光网络传输平台提升数据传输效率和服务质量；三是风险管控指挥中心实现整体态势实时感知和应急指挥。这些创新举措共同提升博物馆的信息化管理与公共服务水平。

（3）创新多维立体管理与服务体系实现智慧化融合。重庆中国三峡博物馆建立“人、物与数据”间的双向多元信息交互通道，实现了服务管理与文物保护的智慧化融合，提升了博物馆运营效率和服务质量，为观众提供了便捷、高效的参观体验。

（4）积极采用新技术新方法服务公众。智能客流数据采集分析系统等新技术的应用为博物馆策展提供决策依据，提升公众满意度和参与度。同时，新技术的应用也展示了博物馆在信息化时代下的积极探索和创新精神。

九、安顺市黄果树景区动静结合的智慧化客流管理服务体系

（一）案例背景

黄果树大瀑布，作为国家级重点风景名胜区及首批 5A 级旅游景区，享有极高的知名度和品牌价值，是贵州旅游的一张璀璨名片，也是贵州旅游的领军企业。自 2013 年起，黄果树景区紧跟时代步伐，运用信息技术、物联网、大数据、人工智能及移动互联网等前沿科技，踏上了智慧化建设的征程。2020 年，黄果树景区已构建出以大数据为中心，以指挥调度、运营管理、智慧营销及智慧服务为平台的智慧旅游应用体系，为景区的发展决策、指挥调度、运营管理、精准营销和智慧服务提供了坚实支撑。得益于智慧旅游应用体系的实施与运营，黄果树景区的游客接待量实现了跨越式增长，从 2013 年的 80 万人次攀升至 2019 年的近 500 万人次，景区运营效率和服务品质也获得了显著提升。（吴倩等，2019）

由于黄果树景区核心区的面积不足 20 平方公里，又受限于地理位置，景区内道路狭窄，所以观光车只能单向行驶。景区内的游客步道多为羊肠小道，通行承载量有限。这些因素不仅制约了景区的游客接待能力和中转效率，更对景区的运营管理效率和游客服务工作提出了严峻挑战。面对这一困境，黄果树景区借助智慧化手段，提升管理效率、降低运营成本，并在游客服务和舒适游览体验上加大投入，以期实现景区服务品质的全面提升。

（二）案例实施情况

黄果树景区将“游客舒适游览体验”置于客流管理与服务的核心位置，构建了以游客接待量、景点分布、出入口设置、观光车道路状况、景区动线规划及景区容量和以观光车运力为依据的客流管理体系。该体系融合了实名制分时预约、观光车客流调度及游客动线客流等管理运营经验，实现了动静结合的智慧化客流管理。

1. 智慧票务管理的实名制分时预约

自 2019 年 5 月 1 日起，黄果树景区开始试行实名制分时预约售票和检票，

并于2019年6月6日全面推行全天9个时段的分时预约售票和人脸识别入园。此举措将全天的景区门票分为9个时段，游客需要至少提前一天，通过官网或其他在线渠道进行实名制预约。这种策略分散了游客的到访时间，有效避免了交通拥堵和入园拥挤。同时，通过分时段人脸识别检票入园，不仅提高了入园效率，还确保了游客的安全。实名制分时预约售票和检票不仅提升了景区票务管控与游客入园调控能力，还为景区的精准营销、安防及反恐工作提供了有力支持。2019年，黄果树景区成为贵州省首个反恐怖防范试点景区。

2. 智慧化的观光车客流调度

黄果树景区结合观光车动线及线路设置，通过智慧调度实现了天星桥、大瀑布、陡坡塘三大景区间的游客引流与分流。根据各景区的容量、接待能力及舒适度指标，结合游客预约与分时段入园数据，观光车始发站进行精准分流与引流，确保各景区间容量的均衡。此外，黄果树景区通过实时监测游客在园数据，对观光车资源进行合理匹配与调度。为了让游客充分理解与配合，景区通过智慧化手段将实时在园人数、舒适度等数据信息前置，推送到游客导览系统、入口大屏及观光车乘车点等，游客能够依据舒适度指标自由选择游览路线。

3. 游客动线客流管理

黄果树景区以游客动线面积为参照，科学测算最佳容量，并对动线进行节点分段。通过在各节点部署智能监控，实时监测客流密度，分析各分段动线的实时人数，并通过景区管家App将相关信息推送给各节点的安保岗位，实现安保管理的协同与客流调度的联动。为了合理引导游客，景区依据实时的数据感知与游客行为分析，精确计算游道容量、游客通行时长及观景台停留时长，并据此实施限流、分流、导流和引流等策略。同时，景区还设置了科学合理的游道舒适度指标，并通过智能监控与景区管家App将相关信息实时推送给游客和安保人员，确保游客的游览体验与安全。

（三）案例创新举措

关于实名制分时预约，黄果树景区积极利用官方预约平台、OTA、官网、

导览系统、公众号和自媒体等多渠道进行全面而深入的宣传与解释，将关键信息和服务前置，以便游客能够快速理解并顺利完成预约过程。同时，景区在游客服务中心特别设立了“退改签”业务窗口，为游客提供更加便捷的售后服务。此外，为了丰富游客的游览体验，景区还增加了前往周边如龙宫、屯堡、奇遇岭等景区的直通车服务，使游客能够在多个景区间灵活选择，并统筹安排游览时间。

在观光车客流调度方面，黄果树景区通过高效的信息发布系统，将大瀑布、天星桥、陡坡塘三个子景区的实时入园人员、在园人数等关键数据信息通过大屏进行直观展示。这一举措赋予了游客在乘坐观光车前自主选择的权利，他们可以根据各子景区的游客容量和拥挤程度来合理规划游览路线，而不必受到强制的限制和要求。

针对游客动线客流管理，景区在动线设置与管理上创新性地参照了道路交通的“红绿灯”模式，实施分节点管理与疏导策略。在为游客提供服务时，景区借助自助导览系统在手绘地图中预设了多种推荐动线，包括深度游、快速游等，以满足不同游客的需求。同时，动线客流数据等信息被同步至游客服务终端，使游客在选择动线时能够依据直观的数据做出决策。

（四）案例实施成效

1. 票务实名制分时预约的显著成效

自实施实名制分时售票与在线预约以来，黄果树景区的售票业务效率得到极大提升。景区售票人员从 2019 年 40 人缩减至 2021 年 6 人，其余售票人员顺利转岗，实现了人员的高效利用与轮换。

人脸识别检票入园技术的运用，更是大幅提升了景区检票和游客入园效率。以一小时内 3000 人预约门票为例，景区主入口的 20 个检票道闸可确保 3000 名游客在 12 分钟内完成检票和入园流程。这一技术的实施，不仅缩减了大量的手工检票人员，降低了景区人工成本，而且进一步优化了游客的入园体验。

通过构建黄果树大数据中心，景区实现了运营管理和营销数据的集成、分析与可视化展示，为管理部门提供了实时掌握景区运营状态的能力，并据此进行精准的资源、设备、车辆和人员调配。

2. 观光车客流调度的卓越成果

黄果树景区通过智慧化的观光车客流调度策略，不仅优化了车辆资源配置，还提升了观光车的运载能力和运营效率。同时，在疫情防控背景下，有效降低了人工成本和车辆能耗。2019 年上半年，景区接待游客 176 万人次，最高投入车辆 160 辆；而 2021 年上半年，尽管接待游客数量下降至 120 万人次，但最高投入车辆数量仍保持在 140 辆。值得注意的是，由于疫情防控要求，观光车隔位就座，每车运载人数减半，但景区的运载能力和效率却得到了实质性提升。

3. 游客动线客流管理的突出表现

黄果树景区运营管理通过实现平台化、移动化和智慧化，景区在安保管理和运营效率等方面都实现了最大优化。安保人数从 80 人增加至 107 人，为游客提供了更加安全、舒适的游览体验。

值得一提的是，通过移动协同的“景区管家 App”，景区实现了各部门、各岗位和工作人员之间的在线工作协同和联动，将各项管理工作全面纳入线上协同体系。这一创新举措显著提升了景区在应急事件处理、调度效率以及游客服务质量方面的能力。

十、丽江市丽江古城智慧小镇数字化转型实践

（一）案例概况

丽江古城以网络资源建设化为基础，以网络安全为保障，以应用带动为突破口，以科技赋能历史古城转型升级，将智慧小镇建设融合于物联网、大数据等前沿信息技术，建立智能、精准、稳定、安全的数字小镇运行体系，逐步形成了技术领先、管理高效的丽江古城智慧小镇新型治理模式，全力构建服务、旅游、创新与综合管理的四大体系，极力打造云南省政府监管服务全覆盖、游客体验安全自在的应用范例。

（二）案例具体做法

1. 智慧管理：古城治理的新维度

丽江古城，作为世界文化遗产，其管理的复杂性和挑战性不言而喻。在数字化转型的浪潮下，丽江古城积极引入物联网、大数据等前沿技术，构建了一个智能、精准、稳定的数字治理体系。通过实施一系列信息管理平台及应用系统，整合各类资源数据，丽江古城逐步形成了技术领先、管理高效的智慧小镇治理模式。这种模式不仅解决了传统管理中的诸多难点，还极大提升了管理、处置及决策水平，使丽江古城成为以景区管理智能化、保护管理数字化为亮点的智慧小镇典范。

2. 技术引领：智慧系统的创新应用

在丽江古城，智慧消防系统的应用有效解决了古建筑耐火等级低、防火间距小等问题。通过整合人防技防手段，实现了隐患排查的准确有效和火情控制的实时精确。遗产本体安全系统则通过信息采集和三维、二维信息集成，为古建筑的保护和修复提供了科学依据。智慧环保项目的实施，不仅保护了丽江古城的水环境，还实现了河道环境的智慧治理。此外，酒吧噪声监控系统的设置，有效解决了古城酒吧噪声投诉较多的问题。

3. 数据驱动：智能分析的应用价值

视频智能分析系统在丽江古城的应用，实现了对人脸、衣着、行为等特征的实时分析，为古城综治维稳、反恐维稳等方面提供了有力的技术支撑。同时，丽江古城综合指挥管理平台的建设，整合了指挥中心、行政执法、修缮管理、准入证管理等系统，实现了业务处理的信息化和应急指挥的灵活化。其中，经营户管理系统的创新，通过整合商户信息、处罚记录等功能，构建了信息资源集成管理平台，为游客、商户和政府提供了便捷的服务。

4. 公共安全：智慧管控的实践探索

在公共安全领域，丽江古城也积极应用智慧技术。通过安装门禁、闸机等设备，实现了对所有人员出入景区的实时动态掌握。同时，根据景区的实时人流量，系统可设置为常规模式和限流模式，确保游客的安全和舒适度。此外，公共安全管控系统还能通过身份证号码、人脸照片等信息快速精准查找人员通行记录，为疫情防控和应急处理提供了有力支持。

5. 游客端精细化服务

丽江古城以提升游客体验为核心，通过系统数据库整合，为游客提供精细化、高效化、个性化的服务。通过“一部手机游云南”平台，游客可以便捷地获取各类旅游信息和服务，包括智慧导游导览、景区慢直播、智慧厕所、智慧停车场等，满足游客在“吃、住、行、游、购、娱”等各方面的需求。

6. 明厨亮灶系统

为确保游客的饮食安全，丽江古城实施了“明厨亮灶”项目，完成了127家餐饮户的视频厨房改造工作。通过实时视频显示，将餐饮服务的关键环节全方位呈现给消费者，实现动态监管。游客通过手机平台即可实时查看餐厅后厨情况，增加了餐饮服务的透明度。

7. 智慧支付体系

丽江古城积极推动智慧支付的发展，融合了多种支付方式，并整合了各类支付工具，形成了支付、对账、管理的综合服务体系。这一支付体系不仅提升了支付的便捷性，还通过对消费数据进行采集与分析，为纳税和经济发展提供了技术支持。

8. “1+5+N+1”的旅游监管体系

为统一调度和科学管理，丽江古城建立了以“旅游市场监管综合调度指挥中心 + 旅游警察、工商旅游执法支队、旅游巡回法庭、旅游联合巡逻队、司法调解中心 + 各涉旅部门 + 执法履职监督办公室”为核心的“1+5+N+1”的旅游监管体系，推动了古城治理体系和治理能力的现代化，提升了服务能力和管理水平。

9. 智慧旅游设施的完善

丽江古城完成了30座旅游厕所的智慧化改造，提供了便捷的厕所查询、

定位及导航服务。同时，丽江古城建设了智能急救站，确保游客在突发疾病的状况下能够得到及时救助。此外，丽江古城通过引入无人售货商店，为游客提供了快速、精准、无感的购物和支付体验。

（三）案例实施创新点

丽江古城，作为开放式景区、5A 级景区、世界文化遗产地以及居民社区的复合体，其属性特征独特且多元化。

（1）为应对多重属性、不同的服务对象和管理职能，丽江古城在智慧小镇的建设中展现出了统筹规划的智慧。通过不断完善顶层设计，丽江古城在“N应用”中精准地分类推进了综合管理、智慧旅游、智慧服务及智慧创新四大体系建设。这一战略确保了系统建设的针对性、联动性和实效性，从而避免了系统的重复建设和资源的浪费。

（2）丽江古城在智慧小镇的建设中充分发挥了智慧景区的样板作用。这不仅体现在文化与科技的深度融合发展方面，更体现在其全面推进了丽江古城的数字化创新水平方面。通过将科技与遗产保护、文化展示以及智慧管理相结合，丽江古城不仅提升了自身的吸引力，也为世界文化遗产保护和管理提供了可借鉴的范例。

（四）实施效果

随着数字技术的深入应用，丽江古城成功实现了从传统管理模式向数字化管理模式的转变，这标志着古城保护管理和景区服务的新纪元。这一转型不仅推动了“智慧景区”向“智慧小镇”的跨越式发展，更提升了古城的整体品质。

在智慧小镇建设进程中，丽江古城落地实施了一系列深度游览体验项目。这些项目不仅为游客提供了独具特色的文化主题、旅行故事和沉浸式体验，还成功地将古城的“人间烟火味”转化为“潮味”十足的新风貌。5G 智慧的无人商店、无人扫路车、无人巡逻车、无人观光车等亮相古城，让丽江的景区、监管、服务变得更加高效。游客在享受科技带来的便利与新颖体验的同时，也能深入感受到丽江古城优厚的历史文化魅力。

智慧小镇的综合指挥管理平台、公共安全管控平台、智慧广播、人流监控系统、数字宣传屏等智能管控系统服务水平全面提升。这些系统不仅有助于迅速疏散撤离人群、发布实时信息、宣传防疫知识，还确保了古城在特殊时期的安全与稳定。

丽江古城还运用人工智能前沿技术，为游客和当地居民提供了更加智能化和人性化的服务。大力实施智慧赋能工程，有效解决了遗产地和景区管理过程中的难点，大幅提升了丽江古城的管理、处置及决策水平，丽江古城景区实现了景区管理智能化、保护管理数字化，成了名副其实的智慧小镇。

十一、昌吉回族自治州天山天池景区打造智慧旅游服务引擎

（一）案例简介

自2013年起，天山天池景区以“游客为本、网络支撑、感知互动、高效互动、智慧旅游”为核心理念，秉持“总体规划、分步实施”的原则，逐步实现了从“一平台+两中心”到“一中心+三平台”的转型升级，构建了以游客互动体验为核心，以融合通信与信息技术为基础，以一体化行业管理保护为支撑的信息化智慧平台体系，完成了信息化基础设施项目建设，逐步实现了智慧景区信息化，极大提升了天山天池景区在旅游管理、监测保护以及旅游服务体验等方面的质量和水平。

在智慧旅游方面，天山天池景区借助“互联网+”平台，整合利用云计算、大数据等技术，实现了从传统旅游向智慧旅游的转型。在管理层面，智慧景区综合管理服务体系为景区提供了全面可视化的指挥调度、全覆盖的智能监测以及大数据分析展示一体化的能力。在保护层面，通过建立生态巡视系统、设置环境因子监测、地质位移监测等前端设备，景区能够实时掌握各类环境数据，实现对火情、汛情、森林病虫害及非法入侵等状况的动态监测、保护及综合管控，逐步实现全方位的智慧保护。

在智慧化服务方面，天山天池景区充分应用移动互联网，实现了线上预约购票、一键求助投诉、自助导游导览、云游直播、AI体验等智慧化服务，游客可以自主规划旅游、互动分享感受，尽享全程一站式的智慧化服务。

（二）案例具体做法

1. 智慧化系统的构建

天山天池景区全面对标生态保护要求、全域旅游发展策略以及 A 级景区评估标准，运用 5G、云计算、大数据、GIS 全景图、互联网等科技手段，构建了以“一中心 + 三平台”为核心的信息化体系。这一体系将各类数据深度集成于以 3D GIS 全景建模地图和云计算为基础的平台上，实现了数据的可视化监测调度与统一运营管理的无缝衔接。

2. 一体化智慧管理

天山天池景区全面推进了大数据中心、可视化分析平台、综合管控平台、应急管理平台等系统建设。结合景区寻人、游客轨迹分析、AR 云镜等应用场景，实现了可视化智能管理。特别是在疫情防控期间，景区率先实现了实名制分时预约线上订票服务，并采用无接触刷脸检票方式，确保游客流量得到精准控制。此外，景区通过全覆盖的监控设备和无线对讲机，实现了人流、车流的一体化调度管理。

3. 全方位智慧化保护

天山天池景区突出了生态保护的自然资源优势，建立了完善的生态保护系统。通过设立环境因子监测、地质位移监测等前端设备，实现了对景区环境数据的 24 小时动态监测与分析。同时，建立了生态巡视系统，对景区（林区）下设的管护站、防火监控等进行综合管理，实现了火情、森林病虫害等情况的动态监测与保护管理。

4. 一站式智慧化服务

天山天池景区已建立了包括云客服呼叫平台、SOS 室外寻呼、自助导览系统等在内的基础服务设施，并实现了公共区域的 Wi-Fi 全覆盖。通过引入 AI、VR、AR、5G 等技术，为游客提供实时景点直播、语音“云”讲解等智能化服务。这些举措不仅提升了游客的旅游体验，还为游客提供了旅游自主规划、体验互动分享等便捷服务。

（三）实施效果

1. 游客服务体验的多元化升级

天山天池景区始终秉持“游客为中心”的服务理念，围绕游客的吃、住、行、游、购、娱等多元需求，推出了“寻梦天山做客天池”小程序，为游客提供了覆盖游前、游中、游后全过程的智慧化服务。在游览过程中，游客可以利用小程序轻松查找卫生间、垃圾桶、餐饮服务点等地点，享受便捷服务。此外，系统根据实时客流密度，为游客智能规划最优游览路径与景点，使游客的游玩过程更为简单、有趣且智慧化。游玩结束后，游客还可以在投诉建议栏目中对景区的管理服务提出宝贵意见和反馈，这不仅增强了游客的参与感，也丰富了游客的体验。

2. 智慧化助力景区管理与保护

天山天池景区通过智慧景区综合管理服务平台，深度集成了监控系统、应急指挥系统、巡更执法系统、生态保护系统、数字无线对讲系统、停车场管理系统、票务管理系统、监控智能分析、防入侵管理系统、舆情监测系统等众多信息化平台。这一举措有效解决了游客分流调度、车辆安全监测、人脸搜索、紧急救援（SOS）、安全防护、火情监测等问题，景区管理实现了全面可视化、统一指挥协调化和系统联动的智慧化。

3. 智慧化场景创新展示

在智慧化场景创新方面，天山天池景区架设了美景直播设备，开通了直播通道，打造了 24 小时不间断的云游直播频道，让游客可以随时随地欣赏天池的美景。同时，景区还设立了 VR 高清探头宣传体验新试点，为游客提供了沉浸式的美景欣赏体验。此外，利用 720° 智能视觉全景游技术，游客可以足不出户地、身临其境地游览天池的四季美景。这些创新展示不仅丰富了游客的视觉体验，也拓展了“线上云游天池”的游览模式，使游客能够近距离地、多角度地欣赏天池的多样美景。

十二、南京市乡村旅游大数据服务平台智慧旅游实践

（一）案例概况

推进乡村振兴需要现代科技的支持，其中大数据技术成为重要的助推器。南京市在美丽乡村建设方面取得了显著成效，已建成1300多个美丽宜居乡村。其中江宁黄龙岘、浦口水墨大埝等20个村庄荣获了“中国最美乡村”“最美田园”的称号，为南京的城市形象增添了一道道亮丽的风景线。

随着乡村旅游的快速发展，市民游客、政府部门以及社会各界对南京乡村旅游的需求与目标不断提高，充分利用大数据技术构建的乡村专属的智慧旅游服务平台应运而生。由南京市文化旅游局为平台建设提供业务指导，南京报业传媒集团负责具体实施。

自2017年9月启动，2018年5月正式投入运营以来，南京乡村旅游大数据服务平台专注于为南京的美丽乡村建设提供精准的数据服务。平台可以监测到62个重点乡村，覆盖了原省所有四星级、五星级乡村旅游区，以及7个国家级和2个省级乡村旅游重点村。通过数据模型的运用，平台覆盖南京所有涉及特色文旅休闲农业服务的乡村旅游点。

南京乡村旅游大数据服务平台已形成了线上线下双轮驱动、数据服务和产品服务并进的运行模式。一方面，平台以南京乡村旅游大数据为核心，提供详尽的数据内容输出，助力乡村旅游的决策与优化。另一方面，平台依托南京报业集团下属单位，致力于产品服务的创新与完善，特别是对线上产品销售平台和线下“送菜到家”服务平台的打造。通过持续的努力与积累，平台已经形成了以数据服务为中心，由数据和业务平台共同构建的闭环运营体系，实现了自我“造血”功能，展示了大数据技术在乡村旅游中的巨大潜力和价值。

（二）案例具体做法

1. 构建策略与方法

为全面获取乡村旅游的相关数据，南京乡村旅游大数据服务平台采取了多元化的数据采集手段。平台通过与移动运营商的合作，结合文旅社区现有会员系统和紫金山新闻客户端，实现了数据高效全面采集。通过对乡村旅游的系统化监测、统计与分析，为乡村旅游管理提供了营销策略制定的决策依据，提升了服务质量。

2. 平台架构与核心模块

南京乡村旅游大数据服务平台由四个核心模块搭建了一个完整的生态系统，实现了线上线下的高度融合。

（1）数据频道：依托紫金山新闻客户端，致力于展示乡村旅游大数据，发布相关数据报告，并深入报道乡村的热门活动和建设成就。这不仅为公众提供了丰富的乡村旅游信息，还提高了乡村的知名度和影响力。

（2）预订平台：在紫金山新闻客户端上设立服务通道，通过热力活动、特色乡村、借宿金陵、南京味道及乡村直通车等线上产品的预订，实现商户与消费者之间的无缝连接，有效推动南京特色农产品和民宿产品的销售。

（3）数据体验场：利用南京明故宫旅游和省级众创空间、南京旅创空间，设立了线下数据展示场所，为公众提供了直观感受乡村旅游大数据平台的机会，进一步增强了平台的互动性和体验感。

（4）大数据分析运营系统：通过对乡村数据的多维度分析，全面展示了南京乡村旅游的发展态势和潜力，为相关决策提供了有力支持。

（三）创新特色

（1）以数据为核心的运营模式生态闭环。通过独特的“1 个平台 +4 个模块”运营模式的构建，南京乡村旅游大数据服务平台打造了报业集团文旅产业的“报业 + 文旅”数据生态化闭环模式。1 个平台指的是融合了线上线下的信息系统、实体与网络的预订系统、标准化与定制化的营销系统，形成了全面的服务框架。4 个模块指的是美丽乡村大数据模块——专注于数据的垂直细分；旅游众创空间模块——以数据为驱动，促进项目的孵化和创新；虎凤蝶旅行社会员数据模块——以精准服务为核心，提供个性化体验；景区服务模块——基于数据营销，实现精准的市场推广。

（2）以数据为结点的文旅资源深度连接。借助自身媒体属性优势，结合在文旅产业的深厚积累，南京乡村旅游大数据服务平台积极运用技术手段，实现文旅资源的深度连接。一是通过建设数据平台，满足政府和政务部门的需求，实现政务资源的有效对接；二是利用大数据分析，打造预订平台，吸引商家入驻，创造商业价值，实现商业资源的整合；三是通过数据服务，为乡村旅游点提供宣传、活动营销、全案代理等支持，促进乡村资源的整合与连接；四是通过大数据的广泛应用，实现与用户和社会各界资源的整合应用，打造全面的文旅生态圈。

（3）以数据为支点的乡村旅游信息化建设。南京乡村旅游大数据服务平台系统化整合乡村旅游资源和产品，使游客与乡村旅游资源、经济、活动建立紧密的联系，增强游客与乡村的互动体验。同时，平台积极接入城市文旅大平台，推动了智慧旅游城市的建设，提升了主管部门对旅游市场的治理效能。

（4）乡村旅游与现代信息技术的深度融合，实现了“乡村旅游+现代技术”的转型升级，加快推进南京乡村旅游业的数字化改造和高质量发展。

这一战略不仅提升了南京乡村旅游的服务质量和游客的游览体验，也为乡村经济的可持续发展注入了新的活力。

十三、5G+ 大数据应用探索的智慧景区管理——成都宽窄巷子

（一）案例概况

成都宽窄巷子作为成都市的文化名片和著名旅游景点，承载着深厚的历史文化底蕴和丰富的民俗风情。随着旅游业的快速发展和游客数量的不断增长，传统的景区管理方式已难以满足现代旅游市场的需求。为了提升游客体验、加强景区管理、提高运营效率，成都宽窄巷子积极引入 5G 和大数据等先进信息技术，开展智慧景区建设。

智慧景区建设以 5G 网络为基础，通过部署高速、低延迟的 5G 网络设施，实现景区内各类数据的快速传输和处理。同时，结合大数据技术，对景区内的人流、物流、信息流进行全面采集、分析和挖掘，为景区管理提供科学决策与支持。（张骥等，2020）

（二）案例具体做法

1. 构建 5G+ 大数据基础设施

成都宽窄巷子与通信运营商合作，在景区内实现了 5G 网络的全面覆盖。通过部署 5G 基站和高速数据传输设备，确保了景区内各类数据的实时传输和处理。同时，成都宽窄巷子建设了大数据中心，用于存储和分析景区内产生的海量数据。

2. 人流监控与预警系统

利用 5G 网络的高速传输特性，景区实现了对人流量的实时监测和预警。通过在关键节点部署高清摄像头和传感器，收集人流数据，并运用大数据技术进行实时分析。当人流量达到设定阈值时，系统会自动触发预警机制，提醒管理部门采取相应措施，例如调整游览路线、增加安保力量等，确保游客的安全和游览体验。

3. 智能导览与个性化服务

基于 5G 网络和大数据技术，成都宽窄巷子推出了智能导览系统。游客可以通过手机或专用导览设备，获得个性化的游览建议、景点介绍和历史文化背景等信息。同时，智能导览系统还能根据游客的兴趣偏好和实时位置，推荐合适的游览路线和周边美食、购物等信息，以进一步提升游客的游览体验。

4. 智慧停车与交通管理

针对景区停车难的问题，成都宽窄巷子引入了智慧停车系统。通过部署智能停车设备和传感器，实现车位预约、查找、支付等功能的智能化。同时，景区结合 5G 网络和大数据技术，对景区内的交通流量进行实时监测和分析，为交通管理部门提供决策支持，优化交通组织和疏导方案。

5. 环境监测与安全管理

成都宽窄巷子利用 5G 网络和大数据技术，实现了对景区内环境质量的实时监测。通过部署空气质量监测站、噪声监测设备等，收集环境数据并进

行分析处理。当环境质量超标时，系统会自动触发报警机制，提醒管理部门采取相应措施进行改善。同时，系统还能对景区内的安全隐患进行实时监测和预警，例如火灾、洪水等突发事件发生时，能够迅速作出响应并启动应急预案。

（三）案例创新举措

1. 建立多部门协同作战机制

成都宽窄巷子智慧景区致力于涉及多个部门和单位之间的合作与协同发展。为了确保各项工作的顺利进行，景区建立了多部门协同作战机制。通过定期召开联席会议、建立信息共享平台等方式，加强各部门之间的沟通与协作，营造合力推进智慧景区建设的良好氛围。

2. 构建数据驱动的科学决策体系

成都宽窄巷子智慧景区建设注重构建数据驱动的科学决策体系。通过收集和分析景区内产生的海量数据，为管理部门提供决策支持。同时，景区运用大数据技术对游客行为进行分析挖掘，为优化景区规划、提升服务质量提供数据支撑。

3. 引入社会资本参与建设

为了拓宽资金来源渠道、提高建设效率和质量，成都宽窄巷子智慧景区建设积极引入社会资本参与建设。通过与社会企业合作、开展市场化运作等方式，吸引更多资金和技术投入智慧景区建设领域。同时，景区加强与政府部门的沟通协调，争取政策支持和资金补贴。

4. 推动产业链协同发展

成都宽窄巷子智慧景区建设不仅关注景区自身的发展和管理效率的提升，还注重推动产业链协同发展。通过加强与旅游产业链上下游企业的合作与协同，共同推动旅游产业的数字化转型和创新发展。同时，景区积极培育新兴业态和商业模式，为旅游产业的可持续发展注入新动力。

十四、基于大数据分析的游客情感特征——长隆野生动物世界

（一）案例概况

长隆野生动物世界作为国内知名的主题公园，一直致力于为游客提供高质量的旅游体验。随着大数据技术的不断发展，长隆野生动物世界开始运用大数据技术来分析游客的情感特征，以进一步提升游客满意度和服务质量。通过收集游客在园区内的行为数据、社交媒体评论、调查问卷等多源数据，运用自然语言处理、情感分析等技术手段，长隆野生动物世界对游客的情感进行深度挖掘和分析。这不仅有助于了解游客的需求和期望，还能够为园区的规划、运营和管理提供有力的数据支持。（丛丽等，2020）

（二）案例具体做法

1. 数据采集与整合

长隆野生动物世界通过多个渠道收集游客数据，包括园区内的摄像头监控、游客使用的App、社交平台上的评论、游客调查问卷等。这些数据涵盖了游客在园区的游览轨迹、消费行为、互动体验等多个方面。为了确保数据的准确性和有效性，长隆野生动物世界还建立了一套数据清洗和整合的流程，对收集到的数据进行预处理和标准化处理。

2. 情感分析模型构建

在收集到足够的数据后，长隆野生动物世界开始构建情感分析模型。该模型基于自然语言处理技术和机器学习算法，能够对游客的文本评论进行情感倾向判断和情感强度分析。通过训练和优化模型，长隆野生动物世界逐渐提高了情感分析的准确性和效率，为后续分析情感特征提供了坚实的基础。

3. 游客情感特征分析

在情感分析模型构建完成后，长隆野生动物世界开始对游客的情感特征进行深入分析。通过对游客评论的情感倾向和情感强度进行统计和分析，长隆野生动物世界了解了游客对园区的整体满意度、对各个景点的评价、对服

务质量的感知度等信息。同时，长隆野生动物世界还通过对比分析不同游客群体的情感特征，发现了不同年龄、性别、文化背景的游客的偏好和需求差异。

4. 应用情感分析结果

基于游客情感特征的分析结果，长隆野生动物世界制定了针对性的优化措施。例如，针对游客对某个景点的负面评价，园区会及时调整该景点的运营策略和服务质量；针对游客对不同景点的偏好差异，园区会优化游览路线和景点布局，提高游客的游览体验。此外，长隆野生动物世界还将情感分析结果应用于市场营销和产品创新等方面，推出了更符合游客需求的旅游产品和服务。

（三）案例创新举措

1. 构建多维度情感分析体系

长隆野生动物世界在情感分析过程中，不仅考虑了游客的文本评论数据，还结合了游客的行为数据、消费数据等多维度信息，从而构建了一个全面的情感分析体系。这种多维度情感分析体系的建立，使得长隆野生动物世界能够更加全面地了解游客的情感特征和需求偏好，提高情感分析的准确性和实用性。

2. 引入先进技术手段提高分析效率

为了提高情感分析的效率和准确性，长隆野生动物世界引入了多种先进技术手段，如深度学习算法、自然语言生成技术等。这些技术手段的应用，使得情感分析体系能够更好地处理大规模的数据和复杂的情感表达，进而提高情感分析的效率和准确性。

3. 建立持续优化的反馈机制

长隆野生动物世界在情感特征分析过程中，不仅关注游客的当前情感状态，还通过建立持续优化的反馈机制，不断收集游客的反馈意见和建议，对园区的运营和管理进行持续优化。这种持续优化的反馈机制，使得长隆野生动物世界能够及时发现问题并采取措施加以改进，从而提高了游客满意度和服务质量。

4. 发展数据驱动的决策文化

长隆野生动物世界在情感特征分析过程中，注重将数据分析结果应用于决策过程中，致力于发展数据驱动的决策文化。通过数据驱动的决策方式，长隆野生动物世界能够更准确地把握游客需求和市场变化，制定更加科学有效的战略和计划。这种数据驱动的决策文化，不仅提高了决策效率和准确性，也为园区的长期发展提供了有力支持。

十五、大数据时代龙门石窟智慧景区管理与服务

（一）案例概况

龙门石窟智慧景区建设以其高起点和快速发展的特点，充分利用大数据分析与应用，实现了购票电子化、游览数字化、管理人性化和宣传多样化。游客从了解景区、购买门票、景点游览、休憩购物到离开景区的整个体验流程，都得到了大数据技术与智慧服务的支持。智慧景区的管理和服务致力于资源保护全面化、业务管理精细化和大众服务精准化，确保游客获得舒适体验的同时，文化遗产也得到有效保护。（惠林彬，2019）

（二）案例具体做法

在龙门石窟智慧景区中，大数据技术的应用广泛而深入。首先，在游客疏导引流方面，大数据技术能迅速统计与预测客流量，为景区提供实时的人流趋势分析，从而采取有效的分流引导和限流措施，确保游客安全。其次，通过大数据技术分析客源特征，为配套设施的规划和设置提供科学依据，避免资源浪费或不足。再次，在旅游宣传定位方面，大数据技术帮助景区精准投放广告，提高宣传转化率。最后，通过多平台数据的收集、管理和分析，提升景区服务能力、创新服务模式、拓宽服务内容、提高服务质量。

（三）案例创新举措

龙门石窟智慧景区的服务分析展示了其在大数据时代下的创新举措。第一，通过微信等自媒体渠道，为游客提供全面的景区信息，增强游客对景区的了

解和认知。第二，购票方式的创新，如网络在线购票、微信购票、App 购票等，为游客提供更加便捷的购票体验的同时，增设自助购票机、支持微信支付、支付宝支付等多种支付方式，进一步提升游客购票的便利性。第三，在景点游览方面，智慧景区通过 Wi-Fi 全覆盖、微信平台阅览景区介绍、点播语音导游等功能，为游客提供个性化的游览体验。第四，智慧景区还通过微信平台为游客提供便捷的休憩购物服务，如选购龙门纪念品、文化创意品等。第五，游客在进出景区时也能享受到智能服务，如选择下山方式、享受纪念相册服务等，为游客留下美好的旅行回忆。

十六、大数据背景下的智慧旅游开发——池州杏花村文化旅游区

（一）案例概况

池州杏花村文化旅游区在智慧旅游建设上取得了显著成果。通过构建信息化基础设施，包括物联网和云计算中心，为游客提供了智能导览、实时信息查询等便捷服务。同时，景区利用大数据技术分析游客行为，实现个性化推荐，提升游客体验。智慧云平台则提供了一站式服务，包括门票预订、交通查询、活动信息等，让游客享受更全面的旅游服务。这些创新举措使池州杏花村文化旅游区成为智慧旅游发展的典范，不仅提升了游客满意度，也提升了景区管理效率和服务水平。（周昊等，2017）

（二）案例具体做法

（1）在景区信息化基础设施方面，池州杏花村文化旅游区详细阐述了物联网、通信网和云计算中心在智慧景区建设中的重要作用。通过运用 RFID、二维码、传感等先进技术，构建了完善的物联网系统，为游客提供了便捷的语音、视频讲解服务。同时，通过布设 Wi-Fi 热点，为游客提供了无处不在的无线网络服务，并通过微信公众号等渠道，及时向游客推送景区的最新活动和优惠信息。此外，景区还建立了云计算中心，为大数据技术分析提供了强大的支持。

（2）在旅游大数据挖掘方面，池州杏花村文化旅游区强调了大数据中心

在智慧景区建设中的关键作用。通过收集各类型旅游数据，包括电子商务、景区政务、交通、天气等，大数据中心为景区管理者提供了全面的数据支持。通过运用大数据挖掘技术，景区管理者能够深入了解游客的消费行为和兴趣偏好，为游客提供更加个性化的旅游服务。同时，这些数据也为景区管理者提供了决策支持，帮助他们更好地规划和管理景区。

（3）在景区智慧云平台服务方面，池州杏花村文化旅游区展示了智慧云平台在提升游客体验和景区管理方面的重要作用。通过智慧云平台，游客可以获得附近的宾馆、交通等信息，实时了解交通情况并选择合适的交通路线。同时，智慧云平台还提供了旅行安全应急预案和活动信息的发布功能，使游客在紧急情况下能够及时获取帮助。此外，游客还可以通过智慧云平台发布旅游感受和建议，参与景区的共建和管理。对于营销机构而言，智慧云平台也提供了发布服务信息和定位营销的机会，帮助他们更好地推广产品和服务。

（三）案例创新举措

在景区智慧云平台的功能扩充方面，池州杏花村文化旅游区展示了一系列创新举措。通过增加公共智能广播系统、停车场管理系统、智能视频监控系统等，景区的管理效率和服务质量得到了显著提升。这些系统之间实现联动，为游客和景区管理者提供了更加便捷、高效的服务体验。此外，利用GIS 信息展示功能，景区管理和导航服务变得更加直观和便捷。最后，通过智能呼叫接警系统，景区的安全保障水平得到了进一步提升。这些创新举措不仅体现了智慧景区建设的先进性，也为游客提供了更加便捷、个性化的旅游体验。同时，它们也为景区管理者提供了更加高效、智能的管理工具，推动了智慧景区建设的持续发展。

十七、大数据守护大足石刻：重庆市文化遗产的智慧守护之道

（一）案例概况

大足石刻，历经千年风霜，进入高速风化期。为保护这一文化遗产，大足石刻研究院运用大数据智能化手段，构建大足石刻世界文化遗产监测预警

平台，实时监测 75 处、5 万余尊造像的细微变化，实现“治未病”的文物保护策略。

（二）案例具体做法

1. 实时监测与找碴工作

大足石刻研究院监测中心的工作人员通过高清摄像头传回的照片，实时监测石刻的细微变化。例如，佛像面部金箔的剥离程度、面积等，这些变化都被记录在案，为预防性保护提供数据支持。

2. 致病因子识别

大足石刻研究院运用高精度智能监控设备监测岩体稳定性，通过数据分析准确预判岩体的位移趋势，提前采取干预措施。此外，还构建了具有自身特色的监测指标体系，结合西南地区的特点，实现多系统相结合的数据分析。

3. 景区智能化管理

智能化监测系统的运用不仅提升了文物保护的精准性，也为景区管理提供了有力支持。景区内高清摄像头实现全覆盖，实时监测客流量，帮助景区管理者进行精准管理。同时，智慧景区建设提升了游客的游览体验，如线上预约、购票等便捷服务。

（三）案例创新举措

构建综合性的监测预警平台，整合多源数据，实现实时监测和预防性保护。一是引入高精度智能监控设备，提升对石刻风化等问题的识别能力。二是结合地区特点构建特色监测指标体系，实现多系统数据融合分析。三是加强智慧景区建设，提升游客体验和管理效率，实现文物保护与旅游发展的双赢。

十八、故宫博物院：智慧开放项目的创新实践与探索

（一）案例概况

随着信息技术的飞速发展，故宫博物院积极运用数字化、网络化、智能

化等手段，提升管理与服务效能，以适应时代发展的新趋势。故宫，作为世界文化遗产与国家5A级景区，其开放与管理工作至关重要。近年来，故宫博物院在扩大开放区域的同时，面临着古建筑安全、文物保护与游客安全等多重挑战。

为了应对这些挑战，故宫博物院与专业团队合作，对开放区域内的建筑、展厅、服务设施进行了精确信息采集，并集成了导航、定位、全景等技术，打造了AI专属导游，推出了“玩转故宫”小程序。这一创新举措不仅满足了游客的个性化游览需求，也提升了故宫的管理与服务水平。

近期，“数字故宫”小程序2.0发布，其中的“玩转故宫”小程序升级为智慧开放项目。该项目在优化导航服务的基础上，从多个维度抓住核心问题，扩展了在线购票、预约观展等实用板块，并融入了先进理念。同时，对AR实景导航的应用进行了探索，为游客提供了更加智能、友好的参观体验。

故宫博物院的这一智慧化管理与服务创新，不仅提升了公共服务水平，也为其向智慧博物馆的一站式参观体验建设迈出了新的一步。这一成果不仅彰显了故宫在文物保护与管理方面的卓越能力，也为其他文化遗产景区的智慧化建设提供了有益的借鉴与启示。

（二）案例具体做法

通过深入的实地调研和细致的游客行为分析，故宫博物院的智慧开放项目致力于将参观体验从吸引、攻略、参观、关注到记忆全面提升。在游客抵达故宫之前，他们可通过“数字故宫”小程序查询并购买门票，了解故宫的建筑布局和丰富的宫廷历史故事，从而激发旅行灵感。对于特别感兴趣的建筑，游客可轻松将其收藏至地图的收藏夹，以便在实地游览时快速查找，从而合理安排参观路线。

一旦游客踏入故宫，位置服务引擎将为他们提供即时的古建筑、展览、餐饮、商店、卫生间及出入口等常用设施的位置信息。全景游、精华游、观花游及宫廷历史游等多种个性化路线选择，满足了不同游客的游览需求。此外，每5分钟更新一次的地图舒适度功能，不仅为游客提供路线参考，还有效地疏导人群，确保了游客参观过程中的安全与顺畅。

对于那些无法进入的大殿和容易被忽略的建筑细节，AR 实景导航技术为游客带来了全新的观赏体验。通过这一技术，游客可以欣赏到宫殿内景、瑞兽的 3D 模型以及屋檐的细部构造。而祥瑞打卡和明信片功能则通过互动与游玩，将旅程的点滴分享至社交平台，进一步增强了游客的参与感与归属感。

全程陪伴的 AI 专属导游则是该项目的另一大亮点。通过学习积累 12 万条故宫知识与收集游客的常见问题，AI 专属导游能够以文字、语音等多种形式与游客进行互动，它不仅提供建筑讲解和导览服务，还兼具故宫知识百科、语音闲聊等多种功能。此外，传给故宫和故宫书店等功能，实现了线上线下的无缝衔接，为游客提供了更加流畅的游览和购物体验，也极大地减轻了游客的参观负担，并为他们提供了更多的消费选择。

即便游客离开了故宫，“数字故宫”小程序依然能够持续为他们提供花样赏文物、慢直播等服务，以另一种形式带领他们深入了解故宫、感受走近故宫的文化魅力。

（三）实践案例创新点

1. 增强现实与全景技术的创新应用

全景技术的引入，彻底打破了传统博物馆在时间和空间上的参观限制，游客可以随时随地浏览全景故宫，即便身处故宫之外或在闭馆之日，也能独享一座空寂无人的紫禁城。而 AR 技术则为观众提供了一种沉浸式的导览体验，深度挖掘并释放传统文化的内涵。通过虚实融合的直观体验，游客可以更加深入地学习传统文化，了解故宫的故事，同时提升游玩的便利性和互动性。

2. 智慧地图服务的革新

GPRS 导航技术与 LBS 定位技术为游客提供了精确的位置服务。结合数字化手段与故宫的实体，游客可以通过位置查找服务迅速到达目的地，并根据基础设施信息获取就近服务，从而满足院内导航的需求。大数据分析则进一步为游客提供了故宫游览所需的位置查找、客流舒适指数分析、路线规划等精准的地图服务。

3. AI 专属导游的升级

经过全新升级的数智人技术，将原本仅依赖语音、文本、图片的人机交互模式升级为更接近自然的 AI 交互模式。结合强大的地图导航能力和故宫知识图谱数据，AI 交互技术提供了拟人化的导游助手，使得游客能够直接获得问题答案，降低了信息获取的阅读成本。通过学习 12 万条故宫知识及收集游客的常见问题，AI 数智人能够预测并主动推荐相关信息，为游客提供更加个性化的服务。

4. 无障碍服务的优化

AI Lab 的图像描述生成技术，使无障碍服务体验显著提升。通过增加图像、语音的即时描述功能，解决了地图上建筑在无障碍形态下的播报问题。这一技术使得视障人群能够通过声音读取地点、道路、推荐路线、景点讲解等内容，与普通用户一样无障碍地享受地图服务。此外，故宫还结合轮椅外借服务与无障碍通道查询，为行动不便的人群智能规划路线。

5. 传播模式的创新

智慧开放项目不仅增强了游览的社交属性，还通过线上线下联动，让游客更加方便地参与其中。祥瑞动物打卡、明信片送祝福、季节性特色路线推荐等多项服务，以趣味化的形式展现了故宫深厚的文化底蕴，使中国传统文化焕发新生。

6. 推广价值与社会影响

智慧开放项目的建立，标志着大数据、云计算、物联网、人工智能、5G、AR、VR 等技术与智慧旅游的深度融合。这不仅实现了智慧服务、智慧管理、智慧营销的全方位提升，还推动了“数字故宫”小程序中的在线服务项目向更全面、更智能化的方向发展。通过信息技术，游客活动信息可以被实时掌握，监管方式由传统的被动处理、事后管理转变为过程管理和实时管理。故宫博物院各部门之间的信息共享和协作联动，促进了应急管理能力的有效提升，使游客的游览安全得到了保障，并且给游客留下了舒适的游览体验。依托信息技术，积累、分析游客数据，为科学决策和科学管理提供了有力支持。同时，通过舆情监控和数据分析，挖掘热点和游客兴趣点，制定对应的营销主题，

让中华优秀传统文化焕发新的活力。智慧故宫的建立，不仅为游客提供了更加便捷、个性化的服务体验，还为文化遗产保护和传承提供了新的路径和可能。（张弛，2019）

（四）实施效果

故宫的智慧开放项目，作为加速智慧文旅产业数字化进程的重要里程碑，不仅推动了故宫开放服务的智慧化升级，更在多个维度上实现了创新与突破。

1. 游客参观体验的全面智慧化

借助云计算、大数据、人工智能等尖端技术，“玩转故宫”小程序为游客提供了从旅行规划到旅行结束的全程数字化服务。无论是故宫内的建筑、展览厅、卫生间、餐饮服务点还是商店，游客都能通过智能系统快速找到目的地。同时，AI 专属导游为每位游客提供个性化的智能讲解、语音问答和知识百科互动，满足了游客多样化、个性化的旅游需求，使每位游客都能获得独一无二的参观体验。

2. 开放管理的高效智慧化

通过深度挖掘大数据，开放管理部门能够精准识别游客的差异化、个性化服务需求。这不仅使得运营管理、服务质量、游客需求、开放安全和古建筑保护等多个方面的核心问题得到有效解决，还大大提高了公共服务的效率，为监管工作提供了坚实的技术支撑。

3. 文化创新发展的智慧化融合

通过 VR、5G 等前沿数字技术，故宫的文化资源得以活化，实现了馆内管理与保护、文物价值的创新挖掘以及参观体验的优化。故宫文旅产业商业模式的创新，提升了有效供给水平，开拓了全新的发展空间。

十九、大数据驱动下的全域旅游新生态构建——以山西朔州为例

山西省朔州市在大数字经济背景下，充分发挥大数据产业技术，积极推动经济转型升级。尤其是在旅游领域，朔州市充分利用其丰富的区域旅游大

数据资源，构建了全域旅游新生态，推动了旅游产业的创新发展。这一案例不仅展示了大数据技术在旅游业中的应用价值，也为其他城市提供了有益的参考。

（一）案例背景与概况

朔州市位于山西省北部，拥有丰富的生态文化和边塞文化旅游资源。然而，由于传统资源型城市的转型压力以及旅游市场竞争的加剧，朔州市面临着提升旅游竞争力和品牌形象的重要任务。为此，朔州市政府联合九次方大数据信息集团有限公司，共同打造旅游全方位生态系统，以推动全域旅游的发展。

（二）案例具体做法

朔州市通过构建“一中心＋三平台”的旅游大数据生态体系，在旅游形象展示、诚信建设、网站推广营销、精准营销、行业管理、信用治理、公共服务等多个方面深度融合和优化，旅游信息化和智能化得到了全面升级。

（1）运用先进技术展示创新成果和旅游大数据应用场景，建立朔州旅游展示中心，有效提升旅游业预测、预警、决策辅助和智能分析能力。

（2）整合多源数据资源，构建朔州全域旅游大数据平台，通过对大数据技术进行深度分析，挖掘旅游特色和亮点，理清经济发展脉络，为全域旅游发展提供强大、有效的数据支撑。

（3）定期公布旅游产品信息和游客游览信息，加强对不良行为的惩戒和信用市场透明度建设，打造朔州旅游诚信建设网络平台。

（4）聚焦旅游消费领域，开发朔州旅游营销大数据平台，分析用户偏好和购买习惯，为旅游精准营销、精细管理和优质服务提供帮助。

同时，每个平台都设计子应用，包含旅游数据统计对比、旅游指标深度分析、营销服务规划方案、预测及决策、产品的考察、信用的查询、行业的监管等方面，激活大数据深度融合和应用创新能力。

（三）案例创新举措

（1）数据驱动决策：通过整合多源数据资源，实现数据的深度融合与分析，为政府决策和企业管理提供科学依据和决策支持。

（2）精准化服务与营销：利用大数据平台深度分析用户偏好和购买习惯，为旅游消费者提供个性化的服务和精准化的营销策略。

（3）诚信体系建设：通过网络平台公布旅游企业信息和旅游产品信息，加强不良行为的惩戒和信用市场透明度建设，提升旅游市场的整体诚信水平。

（4）智慧化管理与服务：运用先进技术和大数据分析手段实现旅游业的智慧化管理和服务创新，提升旅游业的竞争力和品牌形象。

这一创新举措的实施，有助于推动朔州市从传统的景点旅游向全域旅游转变，从而实现旅游产业的可持续发展和转型升级，也为其他城市的旅游业提供了有益的参考和借鉴。

二十、巨有科技：全域旅游中的大数据管理和应用——助力江西湾里与永修吴城候鸟小镇实现智慧旅游升级

（一）案例概况

巨有科技按照国家全域旅游示范区的创建要求，通过引入先进的大数据技术和综合管理平台，为江西湾里和永修吴城候鸟小镇带来了旅游业的革新。在云环境创设中，巨有科技通过实施全域旅游大数据项目，以游客为中心、为职能管理部门、旅游景区和旅游企业建设了“多位一体”的智慧旅游营销管理和服务体系。这不仅提高了旅游管理和服务的效率，也为游客提供了更加个性化和高品质的旅游体验。

（二）案例具体做法

1. 江西湾里全域旅游大数据项目

江西湾里，作为一处具有丰富旅游资源的地区，面临着如何有效整合和利用这些资源、提升旅游品质和效益的挑战。巨有科技针对这一问题，提出了构建全域旅游大数据的解决方案。通过构建“一中心＋三面向”的旅游大数据体系，实现了对游客、企业和政府的多维度服务。同时，巨有科技借助四平台和八大特性，为管理部门提供了强大的数据支持，使其能够更好地进行决策和监管。此外，通过大数据技术的应用，还实现了对游客接待、客流

监控、旅游旺季应对等方面的精准管理，提高了旅游服务的质量和效率。

2. 永修吴城候鸟小镇旅游大数据平台

永修吴城候鸟小镇以其独特的生态环境和丰富的文化资源吸引着众多游客。为了进一步提升小镇的旅游品质和管理水平，巨有科技为其打造了旅游大数据平台。该平台以智慧景区大脑为核心，利用大数据技术对旅游地进行实时态势分析，及时了解游客旅行轨迹和客流量，做到科学管理。同时，该平台还具备网络舆情实时监测和预警处理功能，能够及时应对和处理各种突发事件。通过对数据的多维度分析和预判，不仅提升了景区的管理和运营能力，还为游客提供了更加安全和舒适的旅游环境。

（三）案例创新举措

（1）巨有科技为江西湾里和永修吴城候鸟小镇提供了智慧景区系统。票务系统、智慧导游、导航定位、语音讲解、景区攻略等功能服务，极大提高了游客旅游的舒适度、体验感、便捷性和自主性。

（2）巨有科技创新性地推出了智慧景区综合管理平台。通过集成视频监控、远程监控、应急指挥等功能，实现了对景区的全景式控制管理，管理部门可以随时掌握景区内的现场状况，及时应对各种突发情况，实现了景区综合安防管理预警化、智能化和智慧化。

（3）巨有科技挖掘城市文化底蕴，将传统文化与现代创意相对接，构筑了江西湾里和永修吴城候鸟小镇旅游商品建设体系。通过推动文化和旅游的深度融合，形成了口碑相传的宣传效果，促进了旅游业蓬勃发展。

巨有科技以其“科技 + 旅游”的智慧特色，构建了江西湾里和永修吴城候鸟小镇景区的旅游创新模式、创新生态和创新服务，通过全域旅游赋能多产业端融合，为游客提供了“游前、游中、游后”智慧化服务，为景区采集了游客的消费行为轨迹数据，为商家提供了底层技术，同时还不断整合运营体系，形成了智慧化服务闭环。

数字赋能目的地旅游平台，为旅行者提供美好的时光是巨有科技的追求，巨有科技愿成为大力发展全域旅游信息化智慧旅游、智慧景区的积极探索者和引领者。

二十一、一部手机游云南——云南玉龙雪山旅游景区

（一）案例概况

随着互联网的飞速发展，智能手机已成为人们生活中不可或缺的一部分。在这一背景下，一部手机游的概念应运而生，它极大地改变了传统的旅游模式，为游客提供了更加便捷、个性化的旅游体验。云南作为中国西南地区的旅游胜地，拥有丰富的自然和人文资源。其中，玉龙雪山旅游景区作为云南省的标志性景点之一，其独特的自然风光和深厚的文化底蕴吸引了无数游客。下面将以一部手机游云南——云南玉龙雪山旅游景区为例，深入探讨手机导览在旅游景区中的应用及其所带来的创新与变革。

（二）案例具体做法

1. 手机导览系统的开发与推广

玉龙雪山旅游景区与专业的科技公司合作，开发了一款集导览、解说、互动于一体的手机应用程序。该应用程序利用虚拟现实技术，将景区的自然风光、历史文化和人文景观以三维立体的形式呈现在游客的手机屏幕上，使游客能够随时随地了解景区的各个景点和背后的故事。

2. 线上线下融合的服务模式

在推广手机导览系统的同时，玉龙雪山旅游景区还加强了线上线下融合的服务模式。游客在前往景区之前，可以通过手机应用程序提前了解景区的景点介绍、交通指南、门票预订等信息。在景区内，游客可以通过手机导览系统实时获取景点的解说、导航和互动体验。同时，景区还设置了自助服务终端和志愿者团队，为游客提供线上线下相结合的一站式服务。

3. 个性化旅游体验的打造

通过手机导览系统，游客可以根据自己的兴趣和时间自由地选择游览的路线和景点。手机导览系统还提供了语音导览、AR 互动等功能，使游客能够更加深入地了解景区的历史文化和自然风光。此外，系统还根据游客的游览记录和偏好，为其推荐相似的景点和活动，打造个性化的旅游体验。

（三）案例创新举措

1. 技术创新驱动

玉龙雪山旅游景区在手机导览系统的开发中，充分运用了虚拟现实、增强现实等前沿技术，为游客提供了沉浸式的旅游体验。这种技术创新不仅提升了游客的满意度和忠诚度，也为景区带来了更好的口碑和经济效益。

2. 服务模式创新

通过线上线下融合的服务模式，玉龙雪山旅游景区实现了从传统旅游向智慧旅游的转型升级。这种服务模式不仅提高了游客的便利性和舒适度，也降低了景区的运营成本和管理难度。

3. 个性化体验创新

手机导览系统提供个性化的游览路线推荐、语音导览和AR互动等功能，使游客能够根据自己的兴趣和时间去享受定制化的旅游体验。这种个性化体验创新不仅满足了游客的多元化需求，也提升了景区的吸引力和竞争力。

二十二、杭州旅游升级：城市大脑建设驱动文旅智慧化升级

（一）案例概况

为了给游客打造舒适的旅行体验，2013年，杭州市制定了《杭州市“智慧旅游”系统顶层设计》和《杭州市智慧旅游行动计划》，杭州市政府在其中的职责由前台建设逐步转向后台监管，工作重心也转移到搭建数据平台上。杭州文旅以标准化为手段，充分利用数据资源，整合诸多包括企业主体建设的旅游信息化项目，构建了“智慧旅游”应用平台。

（二）案例具体做法

1. 城市大脑助力文旅升级

为了有效解决城市拥堵问题，2016年，杭州以交通领域为突破口，在全

国率先提出建设城市大脑，以大数据、人工智能为核心技术，开启了运用现代信息技术手段改善交通拥堵的探索。2018 年，杭州数字文旅项目开始实施，包括涉及旅游出行的“杭州优质旅游计划”“杭州数字旅游”小程序建设、智慧酒店建设、长三角 PASS 文化旅游年卡运用等小而精的项目，针对性地为游客解决了旅游过程中的订票、导航、住宿等问题。

城市大脑的形成提升了各项资源优化配置的效率，智慧城市、智慧出行、智慧警务、智慧泊车等功能为杭州文旅业的发展提供了好的环境，为文旅系统释放能量提供了强大支撑。杭州城市大脑文旅系统通过将大数据汇聚、分析与运用，为游客的深度体验提供了旅游服务场景。

2. 基础 + 特色，促进旅游高质量发展

近两年杭州以“数据共享、平台共建”为原则，依托城市大脑平台，使各类数据实现全量交互融合，着力推进文化旅游数字化转型，实现全市文旅系统的数据联通、协同合作，为智慧化文旅产品的应用提供了有力支撑。

酒店行业是杭州市“智慧旅游”应用最早的领域，例如，杭州黄龙饭店等星级酒店的旅游信息化应用程度普遍比较高，内部管理基本上都采用了酒店信息管理系统。不论是星级酒店、经济酒店，还是民宿、农家乐，游客都可以通过网站、微信、手机 App 等渠道和载体轻松预订。“杭州文旅”小程序可以为游客推荐周边最近的景点、酒店、餐厅等旅游服务设施，同时为游客提供数字化服务，也为游客出游提供全方位的游览保障与体验。

3. 注重特色，迈向国际旅游休闲中心

在全域旅游时代，杭州致力于打造国际重要的旅游休闲中心，境外游客数量和旅游外汇收入也在不断增加。同时，在休闲旅游建设过程中，用“互联网 + 民宿”的发展思维推进民宿业向线上发展，数字化应用，“梅莊”“在隐天池下”“湖漾雨桐”等一大批高端智慧民宿成为杭州一张张新的旅游名片。这些民宿除了具备刷脸入住、智能家居等常规数字应用场景，还拥有智慧服务系统、机器人酒吧、智慧导游系统等，与杭州城市大脑相连通，实现了对用户的搜索、消费数据即时整合归集。

（三）实施效果

杭州利用城市大脑系统建设，用数据指导行业治理，通过数据应用打造互联、共享、信息对称的国际体验式的旅游目的地。尤其是杭州旅游大数据平台与城市大脑全面对接、升级后的城市大脑文旅系统，给每一个旅游者提供精准的餐饮建议、一键行程规划，深度优化了游客的体验，促进了杭州旅游转型的再升级。

二十三、大数据环境下的乡村旅游精准营销

1. 大数据在分析旅游需求中的作用

基于大数据技术将乡村旅游相关信息联系在一起，实现乡村旅游过程中价值流、服务流、信息流的三流合一，从而为旅游业提供数据支持。通过大数据技术，从中准确快速地找出所需要的信息，对用户信息及行为数据进行分析整合，制成客户画像，并依据其特征判断出重要的客源市场，最终确定合适的销售模式、客户关系及营销策略等。还可以诊断旅游推演和营销可行性项目，提高旅游市场的客源占有率，最终达到开发目的。除此之外，利用大数据技术，可为游客提供适时、适地和适量的智慧服务，推动旅游行业向更加精准化的方向迈进，促进旅游业蓬勃发展。（王丽娜等，2020）

2. 基于客户精准画像的乡村旅游精准营销

（1）可行性分析。众所周知，我国已进入人口老龄化阶段。根据第七次全国人口普查的结果显示，我国 60 岁以上人口为 26402 万人，约占总人口的 18.7%，超过新增人口数量。人口年龄结构的变化，说明随着我国社会经济快速发展和医疗卫生事业的发展，生育保持着较低水平，人口老龄化进程逐步加快。因此，人们生活环境的选择至关重要，而集旅游、度假、休闲、养生于一体的居住环境就成为乡村旅游的重要组成部分。笔者收集到的数据显示，老年人旅游的原因主要是怀旧。随着社会的发展和经济水平的提高，人们的追求已经从物质方面上升到精神方面。很多人一旦步入老年阶段就容易感到寂寞，不太适应老年人的生活。退休之后，身份的转换又让老年人的

活动变得少了，沟通也少了，失去了很多与外面世界沟通的机会，致使他们常感到寂寞无聊。而旅游能让老年人消除所产生的孤独感，接触新的事物、新的风土人情，结识新的朋友。首先，老年人旅游需要具有一定经济条件，城市里的老年人退休后基本上每月能够领取到一定的养老金，在经济较发达的农村，老年人一般都存有一笔积蓄，这能使他们的晚年生活得到保障。其次，现有的社会家庭结构致使子女工作压力大，闲暇时间少，对父母的关心不够，很多子女往往都会选择给父母报旅游团来弥补对父母缺少陪伴的亏欠。另外，老年人的时间充裕。有些老年人虽然具备了一定的经济条件，但由于时间的原因仍旧不能实现旅游自由。因此，拥有足够的时间成为人们旅游的基本条件。

（2）精准营销和产品推广。在营销推广方面，运用多元渠道，打造独特的旅游形象。同时，设计系列旅游体验活动，如钓鱼竞技、采摘大赛等，增强与消费者的互动，提升乡村旅游的知名度和人气。在产品推广上，例如，根据老年人追求舒适、健康、休闲的生活方式的需求进行旅游产品推广。一是体验乡村田园休闲生活；二是体验生态休闲惬意生活。

3. 大数据技术发展以及对乡村旅游的未来展望

大数据技术的应用改变了传统利用样本数据进行生产的方式。在大数据的竞争中，政府的政策支持和大数据技术的优化为乡村旅游市场的建设和拓展带来了更多的可能性。首先，在利用大数据技术制定战略的过程中，要对旅游市场、游客和服务等相关数据的渠道进行分析，确保数据来源的广度和准确性。其次，利用大数据技术分析游客的画像，掌握游客的个人属性和行为偏好，重新整理促销内容，挖掘潜在游客，并制定相应的营销策略。在过去的几年中，乡村旅游发展处于萌芽状态，可以旅游者的不同需求为切入点进行营销。同时将乡村旅游建设成连通城乡的大旅游市场，成为国内旅游市场的主要支撑体，满足国内旅游的市场需求。

二十四、大数据驱动新型城镇化与旅游融合发展

新型城镇化是资源、产业、人口、空间多层次聚合的叠加效应的过程。

随着大数据时代的到来，城镇化旅游业的发展呈现出蓬勃发展的趋势。新型的城镇化建设和乡镇旅游深度融合发展已经成为旅游发展战略的重要内容。

（一）大数据与城镇科学规划

随着信息化的发展和城镇规模的扩大，城市正在自动化发展，电脑开始渗透公共空间，通过物质移动来补充数字信息。这种计算机嵌入城镇结构的方式引起了智能城市的概念，其中的功能得到了大量数据集的支持，这些大量数据集就是城镇信息。城镇信息涉及计算机作为硬件和软件嵌入城镇的方式，使服务能够跨越多个领域，并使公民能够参加相应的政策问题并与之互动。目前，城镇信息产生的超级巨大数据量被称为大数据。城镇信息是城镇科学规划的依据，而大数据是城镇信息的表现形式之一，从而可以这么认为，大数据是城镇科学规划的依据所在。

（二）大数据与城镇健康发展

在全球信息化迅速发展的背景下，我国政府推进数据共享开放，加快了城镇化建设的创新发展方式，为深入研究城镇运营与发展提供了新的思路和价值。大数据技术可以帮助我们揭示传统技术方法无法实现的潜在问题，弄清看似无关的知识之间的区别联系，同时将这些信息转化为新的知识，最后可以通过定性和定量分析诊断评估城镇化发展。因此，大数据技术有助于政府提高数据驱动型决策能力，为解决复杂的社会问题提供新的手段。在发达国家，先进的科学信息技术能更好地提高城镇的质量和管理水平。将先进科技信息技术手段融入城镇化的发展中，使城镇智能化，将有利于推进和改善城镇化的发展，调和城镇发展不平衡的问题，使人民生活得到质的提高。

（三）大数据与旅游城镇的融合

旅游城镇是新型城镇化与旅游融合的结果，是我国新型城镇化的一种类型，需要借助大数据技术驱动旅游与城镇一体化发展，提高旅游城镇的建设标准和建设质量，促进五位一体全面布局人的城镇化的可持续发展。大数据主要在以下四个方面驱动旅游城镇的发展。

1. 提高城镇规划管理

城镇大数据助推城市管理体系由静态向动态转型。城镇大数据有助于人们深入了解城镇运营状况，优化城镇管理决策，从而优化城镇资源配置，减少城镇运行成本，促进城镇安全高效、绿色和谐发展，实现城镇管理智能化。

在旅游城镇规划中，城镇大数据通过挖掘有关城镇的资源、气象和环境等自然状态，经济、社会、文化和人口等社会信息，为旅游城镇的基础设施建设提供有力的科学方法和城镇管理策略。例如，加强大数据和人工智能时代的智慧交通研究，有利于提升城市交通方面的发展水平。此外，大数据也在改善城镇管理，通过更多的数据驱动，城镇可以调整规定，改善稀缺资源的配置，预测城镇未来的需求。

2. 评估城镇化集聚经济的有效性

城镇化的发展需要有效集聚经济，而大数据技术有评估旅游对城镇经济集聚有效性的功能。通过提供广泛、精确的旅游城镇生活快照，大数据技术可以在新的结果维度上评估旅游城镇化对生产力的影响，评估经济政策的有效性，监控旅游资源开发的经济效应，评估城镇化经济发展。从而调整旅游产业布局，调整技术的发展方向，创新人力资源和资金的商业流通模式，提高旅游企业的核心价值和实力。

3. 调整与优化旅游城镇产业布局

旅游城镇是实现可持续、绿色发展的方向。旅游城镇化以信息技术和现代服务为核心，是通过发展服务经济来拉动城镇经济和促进居民就业的新经济发展道路。大数据技术可以实现数据挖掘、分析、预测的功能，分析旅游者的行为，预测旅游者的需要和市场的需要，做出大数据的科学决策和预判，实现精准营销，促进服务业改革创新，优化和提升旅游城镇产业布局和产业发展方向。

4. 提高旅游城镇基础设施建设和优化服务水平

旅游以服务为核心，旅游城镇服务功能的完善程度直接影响着城镇的发展。城镇的交通、医药、教育、社会福利和旅游设施等基础建设需要一个大的数据信息平台。城镇居民及旅游者都能够通过数据信息平台实时获取和掌握各种信息。

为推动旅游业发展，鼓励旅游信息共享，整合旅游相关数据资源，建设大数据旅游资源池，与主要网络搜索引擎和在线旅游服务提供商合作，实现数据资源共享，推动旅游城镇资源设施完善与服务水平的提高。

围绕新型城镇化与旅游发展的深度融合这一命题，一是要建立统一的大数据健康应用平台，创新大数据应用，加强综合保健服务；二是要整合城镇数字图书馆、档案馆、博物馆、美术馆、大众文化网站、科技馆等提供的数字文化资源，构建全面的文化传播大数据服务平台，以此打造新型的城镇化高质量发展中心，赋能、引领旅游城镇健康发展。

二十五、大数据助力山西省全域旅游发展

（一）山西全域旅游概况

山西作为文旅资源大省，是中华民族发祥地之一，被誉为华夏文明摇篮。山西拥有平遥古城、云冈石窟、五台山等世界文化遗产，国家级重点文物保护单位的数量也位居全国前列。

山西省位于黄河中游东岸、华北平原西面的黄土高原上，是贯通北京、西安两大国际旅游目的地的区域性廊道，2020年已初步建成国家全域旅游示范区。作为完整的省域旅游目的地，山西文旅将五台山、皇城相府、云冈石窟、平遥古城等众多品牌，进行全域旅游整体规划，构筑彰显山西特色、区域优势互补、功能结构完整的山西全域旅游发展大格局，建成了一个全省处处皆风景，时时可旅游的全域旅游目的地。

（二）旅游大数据在山西全域旅游创新中的应用

旅游大数据的数据层、平台层和应用层已经运用到山西全域旅游的各个层面。数据层是全域旅游数据的主要来源，将收集到的数据汇集到平台层，经过旅游大数据平台分析、整理后，可以应用到旅游管理、旅游服务、旅游

营销中去（图 3-11）。

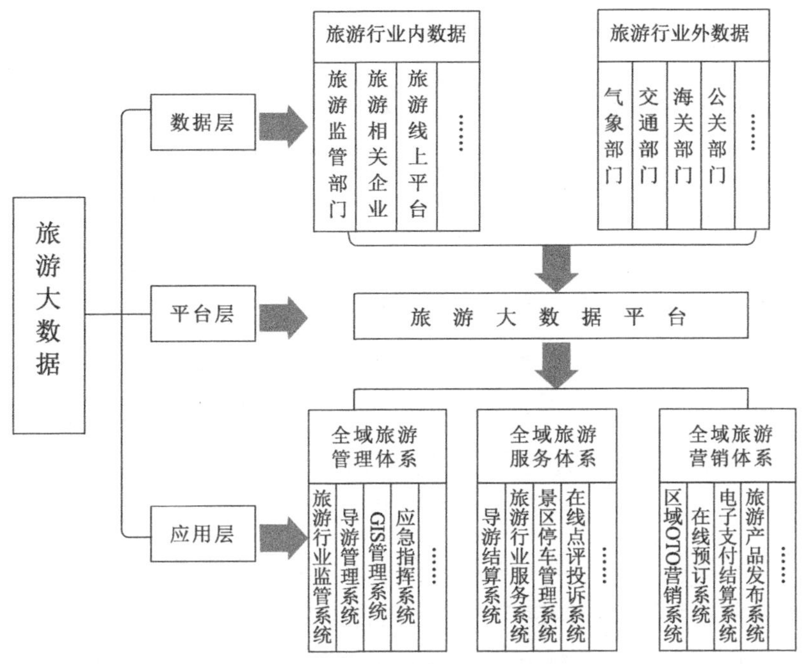

图 3-11　旅游大数据开发利用构架图

1. 大数据助力全域旅游管理体系构建

现代旅游大数据能够有效补充和优化原有旅游统计。主要体现在以下几个方面。

（1）对于旅游目的地政府来说，旅游大数据能够监测与分析区域旅游产业、实时监测游客人流量、分析游客行为等。

（2）对于景区来说，旅游大数据可以记录用户生成内容（UGC）、评论数据、监控景区人流量与承载力，还能精准控制游客排队等候的时间。

（3）对于酒店而言，旅游大数据可以进行口碑管理和日常动态定价等。

（4）搭建旅游行业监管系统、导游管理系统、GIS 管理系统、应急指挥系统等，将这些旅游数据汇总，促进区域全域旅游发展。

旅游大数据为全域旅游搭建起了一个能够实现 24 小时全天候跟踪、实时互动的平台，为管理部门的精准管理提供了数据支持，使全域旅游真正进入信息化发展阶段。一个平台、一套软件、一张网络管全省，有效提升政府管理水平，为实现全域旅游奠定良好的基础。

2. 大数据助力全域旅游服务能力提升

大数据应用实现了人与大数据信息和旅游资源的有效整合，有效提升了旅游服务水平。在游客出发之前，能够满足游客对信息的需求，通过对用户原创内容的分析，为他们规划行程、提供决策服务，帮助他们更好地决策。在旅游途中，将大数据与AI相结合，可以为游客提供智慧旅游服务体验，让他们感受到智慧旅游带来的便利，提升游客满意度，还可以为他们提供导览及大数据辅助决策服务，游客借助便携式智能终端设备就可以获取信息、进行决策。在旅程结束后，让游客分享自己的旅游经历，发表自己的真实意见和看法，与其他人进行沟通交流，通过互动共享和口碑媒介提供游后的反馈。全域旅游服务体系涉及居民导游服务结算系统、旅游行业服务系统、景区停车管理系统、环境气象系统、旅游商务服务系统、在线投诉系统、在线点评系统、安全服务系统、导游助手系统、语言导览系统等。

目前，山西省的大多数景区已经有了自己的门户网站、微信公众号等信息技术平台，游客利用这些平台可以及时查询到相关信息，网络订票及网上导览，游客进入景区之前线下取票即可，大大节省了时间，游客满意度大幅提高。越来越多的旅游企业实现了线上线下互动的新兴消费模式，旅游出行预订加速向移动端转移，以云游山西App为基础，联动山西文化和旅游厅官方网站等服务平台，完善订票、订房、订车、旅游线路定制、线上线下互动交流等一体化功能，为游客提供无缝化、即时化、精确化、互动化的旅游服务。

3. 大数据助力全域旅游营销能力提升

对于传统旅游市场的线下会员管理、问卷调查等数据分析，传统旅游营销难以做到准确掌握市场动态，对消费者需求的了解存在认知上的落后及偏差，在营销上常常有种吃力不讨好的状态。而通过旅游大数据的应用，可以精确了解旅游者的用户画像数据，商家能精确快速地分析用户的形象特征，推测其消费需求和消费倾向，实现精准营销、个性化推荐并进行定制化服务，真正做到投其所好。构建微博、微信和抖音相互协同，形成线上线下主题活

动相互作用的立体化宣传矩阵，创新产品营销形式。广泛利用游客落地短信、网络热播剧、网上订票抽奖、网络投票、抖音小视频、网络直播、网红游记等多种生动活泼的形式，向游客全方位、多维度地展示山西旅游的独特魅力。依靠旅游大数据，全域旅游真正实现全角色、全产业、全社会、全过程的参与，在旅游管理、旅游服务和旅游营销方面也得到了很大的发展。利用大数据交换平台，整合横向涉旅部门和纵向旅游管理部门，建立完善的旅游大数据中心，真正为全域旅游服务。

二十六、洛阳市旅游产业与信息产业融合发展

（一）案例背景

洛阳拥有丰富的旅游资源，游客数量屡创新高，旅游业收入十分可观。

近年来，洛阳市着力打造“颠覆性创意、沉浸式体验、年轻化消费”文旅新业态，争创国家文化旅游产业融合发展示范区。全市共有旅游景区（点）67 家，其中 5A 级景区 5 家，4A 级景区 18 家，5A 级景区和 4A 级景区的数量在全国地级市中位居榜首。旅游专业村 4 个，特色旅游村镇 29 个。洛阳市形成了以牡丹画、仿唐三彩、青铜器等为主的十大系列工艺品，打造了共 39 大类、2000 多个品种的旅游商品，建立了 10 余个景区专业市场，以及三彩展销中心等一批博物馆式的特色旅游购物中心。

随着居民收入的增长以及信息技术突飞猛进式的发展，洛阳智慧化旅游平台的构建，推动了旅游业与信息技术产业的深度融合。

（二）案例具体做法

1. 构建智慧化旅游门户网站

洛阳旅游主管部门和相关旅游企业建立了智慧化独立旅游门户网站。龙门石窟网站由龙门石窟旅游区建设、运营，是旅游区对外宣传的重要窗口，也是集电子商务网、虚拟游、咨询网为一体的功能完善、独具特色并能实现实时更新的旅游景区电子信息网站。网站内容丰富，用大量的文字与图片描述配合视频来向游客展示最美的龙门石窟，同时开展在线服务、网络

预订等活动，充分利用电子金融、电子票务为游客提供便利。此外，新建虚拟游和景区慢直播平台使得在线网友可以足不出户就能充分领略龙门石窟的魅力。

2. 深化旅游企业营销

旅游企业的网络营销意识增强，洛阳旅游主管部门和相关企业也积极参与其中，洛阳市旅游发展委员会和阿里旅行·去啊联手在天猫网注册并运营的网上旅游超市——洛阳旅游旗舰店，已于2015年4月5日正式上线运营，主要从事洛阳及周边地区目的地旅游（企业和商品）的品牌传播和线上销售，旨在大力支持和推动旅游目的地及相关旅游企业的建设、发展，在网络营销方面做出有益的探索。

3. 升级智慧化旅游景区管理服务

洛阳市旅游企业联合互联网企业积极推进技术创新，将新一代信息技术运用于旅游服务中，并通过开发洛阳旅游App实现游客导游、导览、导购、导航便利化，同时各风景区的实时监控服务系统实现了智能的游客服务与景区管理。

（1）智能服务。在互联网+购票方面，游客可以使用手机轻松快捷地购买电子票，同时减轻了景区高峰期的售票压力。在互联网+游园方面，游客可以体验3类10项产品。智能服务主要体现在：一是利用手机扫码通过闸机，实现游客自助快速入园，减少排队等候时间；二是通过向龙门石窟官方微信服务号回复景点数字编码，游客即可体验对应景区内的64个景点的语音讲解、文字及图片说明，便捷地享受随身的语音导览服务；三是通过微信摇一摇功能，游客可以体验8项互动项目，增加在游览过程中的乐趣。

（2）智能管理。在景区的智能管理方面，主要实现了两大功能。一是设立微信在线客服，实时可以与游客保持互动沟通，快速高效地解决游客咨询、投诉、求助等方面的事宜；二是通过景区智慧管理中心对景区内各重点区域进行实时监控，同时利用全国首个景区大数据平台对区域热力图、人员移动、客流、位置流量趋势等方面进行分析，帮助景区真正掌握游客行为，

为实现景区的精准化、科学化、智能化管理提供依据。

二十七、安徽省智慧黄山景区建设

（一）案例背景

五岳归来不看山，黄山归来不看岳。黄山以其“五绝”的奇景和博大的徽文化蜚声海内外，被誉为“天下第一奇山”。黄山风景区基于“智慧+服务”模式，以“智慧”为亮点，以创新旅游服务为目标，依托物联网、云计算等新兴技术，加快数字化建设步伐，不断创新科技成果，在数字化管理、服务、营销、运营、创新产品上，打出了一套促进发展、提升旅游服务质量的组合拳，景区的保护和管理水平显著上升。

（二）案例具体做法

1. 加强景区物联网建设

景区环境的管理与维护是智慧旅游中必不可少的工作。智慧黄山景区利用物联网、传感器等技术对景区周边古树及建筑的土壤温度、光照、水分等信息进行采集，获取实时数据，并将这些数据传到景区管理控制中心，通过对获取数据的研究来了解古树等事物的动态情况，实现景区内名木古树的智能管理维护，推动旅游景区的长足健康发展，打造闻名全国乃至全世界的智慧旅游胜地。

2. 构建集成化智慧管理平台

建设黄山景区的集成化智慧管理系统，在景区现有资源有效整合的基础上，引入传感器、网络传输等技术实现景区的动态感知和信息的实时传输，引入信息采集、储存、分析等技术来创设信息资源库，引入数据挖掘技术实现信息的高效利用，使得黄山景区的智慧管理系统更为完善、高效。

3. 建立旅游电子商务网站和电子门禁系统

智慧黄山景区建设的旅游电子商务网站面向的对象是政府、企业、游客以及当地市民，包含了游客信息服务、应急管理、旅游管理服务等诸多内容，被划分成营销服务系统、旅游业管理系统、应急管理系统、旅游公共服务系统四大系统。

通过电子门禁系统，黄山景区实现了票务管理信息化，有效消除了传统售票中人工操作效率低、操作失误率高等缺陷，大大提高了管理效率，还降低了人工成本。同时，通过电脑的联网应用，黄山景区可对索道等各景点的售票情况实现实时精确掌握，为索道运力以及旅游高峰的调度和应急情况的快速处置提供技术支撑。此外，通过整合分析以往所掌握的查询统计、自动预警、历史客流记录等数据，景区可提前采取针对性的措施，切实提升管理水平，实现智慧旅游建设。

4. 建立客流量预测系统

近几年来，黄山旅游风景区的客流量逐渐递增，在游客量增多的同时景区的管理难度也随之加大。为了提升管理的高效性与便捷性，黄山风景区构建了客流量预测系统，通过电子门禁系统实时获取景区内各区域每个时间段的客流量情况，利用客流量分析网络模型，综合景区的历史同期数据、天气状况等因素进行全面分析，实现了景区的精准化管理。每年的十一黄金周都会达到日均六万的游客量，面对挑战，景区管理有条不紊，从定位、监控、指挥、预测等方面指挥调度黄金周在平稳有序、智慧化管理中度过。

（三）创新举措及特色

黄山智慧景区集成信息采集、存储、分析等技术建立资源数据库，结合传感器采集的黄杉、金钱杉等珍稀植物的周边环境信息（空气、水分、光照、土壤等），实时传送至管理中心进行动态监管，优化了传统落后的古树名木的档案管理办法，科学、合理、动态地保护珍稀植物资源，实现了对古树名木的智慧管理。同时，黄山智慧景区以红外相机、智能监控技术为核心，建立野生动物习性监测图像数据管理系统，用于动物图像数据的采集和分析，旨在对黄山景区内的动物的习性进行监测，分析以及保护。

第五节　国外案例

一、日本信息化与旅游业融合产生智慧旅游研究

（一）案例背景

日本自然资源丰富，根据日本1957年颁布的《自然公园法》（昭和32年法律第161号文件），日本有国立公园、国定公园和都道府县立公园三种类型，其中国立公园为风景最优美的自然风景区域，1987年日本国立公园有28家。1990年日本指定55家国定公园。都道府县立公园为能够代表各都道府县风景旅游地的自然公园，截至2000年共有306家。日本温泉共有2839处，国家鸟类兽类自然保护区共有54处，都道府县设立的鸟类兽类保护区位共有3804处。日本处于北纬25°～45°，四季分明，各种自然现象成为日本富有魅力的旅游资源。如北海道的雪节、夏季海水浴、秋季的红叶、春天的花海，又如藏王的树挂、富士山的云海等。（魏红江，2017）

随着科技的飞速发展，日本信息化与旅游行业融合产生的智慧旅游成为旅游业的重要发展趋势。日本旅游业充分利用智慧旅游服务平台，依托互联网、大数据、人工智能等技术，收集、整理、利用旅游信息资源，推动了日本旅游产业发展，改善了旅游行业管理水平，还通过个性化推荐、智慧导览等功能，提升了游客的旅游体验。

（二）案例具体措施

1. 智慧旅游引领未来，信息与通信技术助力旅游业腾飞

在推进旅游业发展方面，日本北陆地区的能登半岛堪称利用信息与通信技术（ICT）的典范。在计划于2015年春季开通北陆新干线之前，该地区就将提升旅游服务质量作为核心任务。为此，北陆地区的企业界与教育界联手创建了ICT奥能登绊协会。该协会在2013年3月至2014年3月期间，引导

北陆地区旅游部的各部门进行了针对智能手机的旅游信息服务模拟试验。

这些模拟试验的内容涵盖了多个方面，包括实施 ICT 活用计划以推动奥能登智慧旅游项目；为智能手机提供基于 AR 和多国语言（四国语言）的旅游内容；通过智能手机体验旅游的汽车游览项目；收集并分析游客的旅游活动大数据，以了解游客的动向、停留时间和集中度，进而指导游客的旅游行为；在能登半岛的七尾市利用信息与通信技术为老龄人群和外来人员创造更宜居的城市环境。

经过这一系列模拟试验，北陆地区不仅积累了丰富的数据资源，还制定了具体的旅游振兴方案。这些成果不仅提升了北陆地区旅游业的便利化和智能化水平，也为其他地区提供了宝贵的经验和参考。

2. 智慧旅游城市建设的典范，绿色出行与智慧服务引领新潮流

青森县弘前市作为日本推进智慧旅游城市建设的典型案例，其成功实践不仅彰显了城市的创新活力，也为其他地区提供了宝贵的经验。弘前市位于日本青森县的西部，其西侧是壮丽的岩木山，而其源头则是享有盛誉的世界遗产白神山。这两大自然景观为弘前市赋予了独特的魅力，同时也为该市的智慧旅游城市建设提供了得天独厚的条件。

为了充分发挥这些优势，弘前市制定了全面而细致的智慧旅游城市建设计划，并设定了 2020 年为实现目标的最后期限。该项目的核心在于通过信息与通信技术将弘前市的旅游信息与交通机构实现高效整合，以形成与其他地区的协同联动效应。通过这一举措，弘前市希望能够为游客提供更加便捷、个性化的旅游体验，同时促进地区间的交流与合作。

在推进智慧旅游城市建设的过程中，弘前市注重从环保角度出发，为旅游城市增添附加值。电动汽车（EV）和燃料电池汽车等下一代汽车的应用成为增加旅游城市附加值的重要一环。这些先进汽车不仅为游客提供了更加环保、高效的出行方式，也为市民的日常生活带来了便利。通过推广这些汽车，弘前市旨在推动低碳生活方式的普及，为城市的可持续发展做出贡献。

弘前市智慧旅游城市项目的实施内容十分丰富多样。

首先，通过信息与通信技术发布旅游信息，使游客和来访者能够轻松获取

有关弘前市的各类旅游信息。这些信息不仅包括景点的介绍、交通路线规划等基本信息，还包括当地的文化、风俗、美食等特色内容。弘前市计划将这些旅游资源通过手机终端等渠道发布出去，以满足不同年龄和国籍游客的需求。

其次，实现公共交通的智能化是弘前市智慧旅游城市建设的一大重要举措。通过信息与通信技术，弘前市提供了公共汽车定位系统信息和 IC 卡结算服务。这些智能化设施不仅提升了游客和市民的出行便利性，还有助于提高公共交通的使用率和效率。同时，弘前市还注重提高公共交通的服务质量，为游客和市民提供更加舒适、安全的出行环境。

再次，弘前市还致力于营造绿色旅游的良好环境。弘前市利用 GPS 终端技术运用在电动汽车和燃料电池汽车等下一代汽车上，为游客提供了便捷、环保的出行选择。这些汽车不仅能够满足游客的出行需求，还有助于减少碳排放和空气污染，为城市的绿色发展贡献力量。

最后，建立区域性的知识与智慧档案馆也是弘前市智慧旅游城市建设的一大亮点。这些档案馆不仅展示了弘前市的历史文化、自然风光等旅游资源信息，还通过数字化手段将城市魅力进行呈现。这些档案馆成为弘前市对外宣传的重要窗口，吸引着越来越多的游客前来探访和体验。

弘前市的智慧旅游城市建设分为两个阶段进行。第一阶段是在地区内进行试点项目，通过网络发布旅游信息和交通机构信息等内容。这一阶段旨在验证智慧旅游城市建设的可行性和效果，并为后续的全面推进积累经验。第二阶段则利用移动终端实时发布存档化地区信息。通过这一阶段的实施，弘前市希望能够为游客提供更加个性化、实时化的旅游服务体验。

总之，青森县弘前市在智慧旅游城市建设方面取得了显著成效。通过整合旅游资源、优化公共交通、推广环保出行以及建立知识与智慧档案馆等措施，弘前市为游客提供了更加便捷、舒适、环保的旅游体验。这些实践不仅展示了弘前市的创新能力和领先地位，也为其他地区的智慧旅游城市建设提供了宝贵的借鉴和启示。

3.Web 技术助力精准掌握游客动向，优化旅游政策

日本利用信息与通信技术的迅速发展和末端的高性能，广泛采用 Web 预

约服务，这在旅游业中尤为常见，特别是酒店住宿预约服务。在没有 Web 技术的情况下，对住宿设施的调查主要依赖于民意调查，但这种方式很难准确掌握游客的动向和偏好。然而，通过 Web 预约数据，管理者可以更好地解决这一问题。

Web 平台不仅能够展示各种选择偏好特征，帮助游客找到符合自身需求的预约方案，还能持续、定期地收集游客信息，从而精准把握住宿游客的动向。这种能力源于现实社会与信息空间的紧密协作与融合。在这种融合的社会中，现实社会的信息被映射到 Web 空间，经过解析和模拟后，将信息特征反馈给现实社会，创造出新的价值。因此，研究 Web 数据驱动的信息服务显得尤为重要。

在智慧旅游的发展过程中，旅游管理者可以收集 Web 空间中积累的大量酒店预约数据等生活数据，进一步推断游客的行为，为制定旅游政策提供有力支持。此外，这些数据还能帮助管理者了解在线住宿情况、预测旅游业的收益、掌握游客对住宿费的偏好、了解灾害发生地区的住宿状况，以及探索应急性住宿设备等。

4. 旅游路线揭示游客价值观，驱动旅游政策与体验优化

旅游路线是游客价值观和感性特征的直观体现，也是制定旅游政策的重要依据。通过深入分析旅游路线，管理者可以洞察游客的旅游动机。各大城市的旅游协会和商业街都依赖于旅游路线信息来开发新的旅游项目、优化现有旅游资源，并推动城市的整体旅游发展。日本学者连池隆等（2013）强调，在精准解析游客行为的基础上，构建数据驱动的信息体系至关重要。这需要地方政府和景区管理者积累并正确把握游客的行动信息，从而制定符合游客需求的旅游政策，特别是要制定能够反映游客价值观和行动特点的游客行动汇编。

目前，日本已经收集了大量的旅游信息和相关数据，包括定点观测的重要属性和详细的旅游者民意调查信息。这些信息蕴含了游客的价值观和感性认识，为旅游研究提供了宝贵资料。然而，传统方法收集的旅游信息多侧重于整体旅游状况的分析，难以深入洞察个人感性认识和旅游价值观。因此，

在智慧旅游的背景下，旅游管理者更应关注游客个体的行动汇编，积累相关数据，制定更为细致和个性化的旅游政策。这不仅能提升游客体验，还有助于优化旅游路线和资源配置，发挥游客汇编的多元价值。

5. 北海道智慧旅游新篇章：艺术旅游与野外雕刻的融合发展

为了应对每年 11 月游客数量下降的情况，北海道开发新的旅游资源变得至关重要。作为创新尝试，北海道开始将野外雕刻作为艺术内容，推出艺术旅游这一新兴旅游资源，并启动了相关的艺术旅游研究项目。该项目包含三大方面：一是，基础研究，探讨艺术旅游的定义以及如何在艺术旅游中有效运用信息技术；二是，以野外雕刻为实例，深入研究其具体活动；三是，尝试发布关于艺术旅游的信息。

为了支持艺术旅游的发展，北海道构建了一个结合野外雕刻照片和区域信息的社区 Web 网站，以此作为推动智慧旅游发展的重要平台。

在推进艺术雕刻智能化的过程中，北海道主要采取了三项措施。一是建立数字档案，这是一种半公开的信息技术，用于永久保存珍贵的文化遗产。尽管目前数字档案化面临着一些挑战，例如，野外雕刻的非集约性信息特性使其难以数字档案化，但北海道仍在努力克服这些困难。二是创建野外雕刻照片的数字档案，例如，利用野外雕刻摄影家仲野三郎拍摄的 2100 件作品，添加相关信息，构建数字信息，并开发北海道雕刻 Web 这一与区域信息紧密相连的旅游信息社区 Web 网站。三是在社区 Web 网站中集成 HSW（Hokkaido Sculpture Web）模块，这一模块将野外雕刻摄影机与社区 Web 网站相结合，为艺术旅游的发展提供了有力支持。这些举措展示了日本在推动智慧旅游发展方面所做的努力。

二、智慧交通助力澳大利亚旅游发展

（一）案例概况

澳大利亚，位于南半球，拥有辽阔的土地，总面积达到 769 万平方公里，人口总数超过 2100 万。这些人口主要集中在悉尼、墨尔本、布里斯班、珀斯和阿德莱德等沿海城市。澳大利亚的交通网络极其发达，其公路网运输体系相当完善。

在交通管理与发展过程中，澳大利亚将交通信息化与基础设施建设、交通政策相结合，以信息的收集、处理、发布、交换、分析、利用为主线，充分保障交通安全、发挥交通基础设施效能、提升交通系统运行效率和管理水平，为通畅的公众出行和可持续的经济发展服务。澳大利亚实现了全面高效的智慧化交通管理，主要表现在以下几方面。

一是澳大利亚道路管理信息化水平非常高；二是路口管理非常科学，大部分路口都进行了交通渠化，大型路口更是通过导流岛和导流带明确划分了左转、右转和直行的车道；三是澳大利亚的交通标志、标线和信号灯设置得非常完善、规范和醒目；四是采用了 ETC 收费制式，有效提高了道路通行能力，并解决了道路瓶颈问题；五是交通控制智能化，使得道路运营更加安全和顺畅；六是澳大利亚的交通应急预案全面而详细，能够迅速应对和处理道路突发事件。

（二）案例创新举措

1. 高效调控交通信号，道路畅通无阻

悉尼市每天有 300 多万辆汽车穿梭于城市之中，高达 200 多万辆车次的出行频率，澳大利亚研发的 SCATS 系统，能够精准控制悉尼市及周边主干公路的 2200 多个路口和 3000 个交通信号，覆盖了 3600 平方公里的广阔区域。在 SCATS 系统的智能调控下，交通畅通无阻。

在上下班的高峰时段，SCATS 系统除了自动调节交通信号，还配备了专门的调节措施，能够根据车流状况进行实时分析，并自动调整路向，有效地减少了交通停顿、延误和油耗，为悉尼市民带来了更加顺畅、高效的出行体验。

2. 实时信息助力顺畅出行，提升出行效率与便捷性

澳大利亚的先进交通系统为出行者提供了全面、及时的交通信息服务。该系统通过互联网、咨询电话或广播系统实时更新并提供当前交通和道路状况、各类服务信息，确保出行者能做出最佳决策。车载信息单元和路边动态信息显示标志为出行者实时提供道路条件、交通状况及车况，为出行者选择最合

适的出行方式和路线提供了帮助。此外，该系统还建立了公众反馈机制，持续优化交通管理，实现了与公众的良性互动。这些特点共同提升了澳大利亚交通系统的出行效率、便捷性和用户体验，使其成为现代城市智能交通的典范。

3. 多元化信息采集与智能发布机制

澳大利亚在交通管理领域展现了卓越的创新实践，其交通系统成功整合了互联网、电话、闭路电视及电台等多元媒体，构建了一个全面而高效的信息采集与发布网络。这一网络的核心在于互联网作为通信工具的优先应用，它不仅实现了信息的实时采集与更新，还确保了数据的准确性和可靠性。

在这一体系中，基于 Web 的电台成为向公众传递即时交通信息的关键渠道。驾车者可以通过电台轻松获取到最新的交通状况，从而做出更加明智的驾驶决策。此外，该系统还采用了先进的事件记录和分类技术，能够根据预设条件自动筛选和整理交通事件，为工作人员提供清晰、准确的数据支持。

这一整合多元媒体、智能化处理信息的做法，不仅提升了澳大利亚交通系统的信息服务水平，还有效提高了交通管理效率，为公众提供了更加安全、便捷的出行环境。这一创新实践在全球交通管理领域具有重要的借鉴意义。

4. 尖端科技助力高效应急响应与预案管理

澳大利亚交通管理系统运用尖端科技，实现了高效应急响应与精细化预案管理。该交通管理系统依托先进的通信技术、数据分析工具和自动化设备，确保在 4 分钟内迅速启动全面救援，有效应对各种交通紧急情况。同时，该系统集成了 900 多种科学、严谨的应急预案，每项预案都经过精心设计和优化，为救援工作提供了强有力的科技支持。这一创新实践展示了澳大利亚在交通科技领域的领先地位。

5. 澳大利亚智能收费系统：高效通行与数据支持

澳大利亚的收费公路主要集中在关键桥梁、隧道和部分私营公路上，全部采用先进的电子不停车收费系统。图像监控系统对整个收费过程进行管理，显著提高了道路通行能力和效率，并为系统管理提供了精确的交通数据。这一系统展现了澳大利亚在智能交通管理方面的创新和实践。

6. 澳大利亚公路图像监控：全覆盖无盲区

澳大利亚公路图像监控系统覆盖所有的立交、隧道和关键路段。摄像机密集布设、无盲区监控，实时监控道路状况，为事故救援和交通流分析提供有力支持。

SCATS 系统的成功应用不仅提升了悉尼市的交通效率，也为全球其他城市提供了宝贵的经验和借鉴。这一智能交通控制系统成为澳大利亚交通科技创新的典范，引领着未来城市交通的发展方向。

三、韩国首尔智慧旅游工程研究

（一）案例概况

首尔智慧旅游工程是一项集科技、信息与服务于一体的综合性项目，旨在通过运用先进的科技手段，提升游客的旅游体验，推动首尔旅游业的快速发展。该工程以游客为中心，通过整合各类旅游资源和服务，为游客提供全面、便捷、个性化的旅游信息服务。

在智慧旅游工程的建设中，首尔注重在线数据库的建设和前端智能手机应用的开发。韩国观光公社和姐妹网站等官方网站为游客提供了丰富的旅游资源和深度化的旅游信息，帮助游客更好地了解首尔的文化、风景和特色。同时，多款旅游相关的手机应用也为游客提供了实时的旅游信息服务和多种出行方式的导航，确保游客能够随时随地获取所需的旅游信息。此外，首尔还推出了智能交通系统，通过整合各类交通方式的信息，为游客提供准确的站点、线路和班次查询功能，并实时更新车辆到站信息，确保游客能够准时到达目的地。这一智能交通系统不仅提高了游客的出行效率，也提升了首尔作为旅游城市的便捷性和吸引力。

通过这一系列的智能化设计和应用，首尔智慧旅游工程成功塑造了“指尖上的首尔”这一品牌形象。游客只需通过手机、电脑等终端设备，就能轻松获取首尔的各种旅游信息和服务，实现智慧旅游的目标。同时，智慧旅游还为首尔带来了更多的经济效益和社会效益，成为推动城市发展的重要力量。未来，首尔将继续深化智慧旅游工程的建设，为游客提供更加便捷、高效、

个性化的旅游体验。

（二）案例创新举措

1. 首尔智慧旅游的在线数据库建设

首尔深谙科技在旅游体验中的重要性，因此特别注重在线数据库的建设。其官方网站韩国观光公社不仅展示了首尔的核心旅游资源和节庆活动，还提供了丰富的旅游指南和实用信息，帮助游客更好地规划行程。同时，姐妹网站则专注于提供更为深入和个性化的旅游信息，如城市文化、美食推荐、特色商店等，让游客能够更全面地了解首尔的魅力。

2. 前端智能手机应用与实时信息服务

在互联网时代，首尔认识到智能手机应用对于提升游客体验的重要性。因此，他们针对前端开发了多款与旅游相关的手机应用，实现了与后端数据库的实时更新和沟通。其中，I Tour Seoul 应用服务系统尤为出色，它不仅提供实时的旅游景点、餐厅、酒店等信息，还整合了公交、私家车、步行等多种出行方式，为游客提供了一站式的旅游信息服务。此外，该应用还支持多种语言，确保了不同国籍的游客都能轻松使用。

3. 智能交通系统提升游客出行体验

为了进一步提升游客的出行体验，首尔推出了智能交通系统。该系统通过整合公交、地铁、出租车等多种交通方式的信息，为游客提供准确的站点、线路和班次查询功能。此外，系统还通过电子屏幕和二维码等方式，实时更新车辆到站信息，确保游客能够准时到达目的地。

四、比利时标识都市

（一）案例概况

比利时的首都布鲁塞尔，作为欧洲的心脏和重要的文化、政治、经济中心，一直以其丰富的历史文化遗产和独特的城市魅力吸引着全球游客。为了进一步提升游客的旅游体验，并满足日益增长的数字化需求，布鲁塞尔市政府与旅游部门紧密合作，推出了标识都市项目。该项目利用先进的无线通信技术，将布鲁塞尔的旅游资源与智能手机相结合，为游客提供了一种全新的、数字化的旅游方式。

自推出以来，标识都市项目迅速受到了游客的热烈欢迎和高度评价。游客只需通过智能手机扫描标签，就能获取相关景点的信息、购物指南及线路指引。这种便捷、个性化的旅游体验让游客能够更加深入地了解布鲁塞尔的风土人情，享受更加丰富的旅游行程。同时，该项目也极大地提升了布鲁塞尔作为旅游目的地的吸引力，进一步推动了当地旅游业的发展。

（二）案例创新举措

1. 数字化与旅游的无缝融合

通过将传统旅游业与尖端数字化技术结合，比利时的标识都市项目不仅为游客提供了更加便捷的信息获取方式，还通过智能推荐、个性化服务等功能，让每位游客都能获得独特的旅游体验。

2. 可持续性与环境友好

不干胶标签的使用既环保又实用，减少了纸质导览册的印刷，符合可持续发展的旅游趋势。

3. 促进本地经济发展

通过提供购物优惠和线路导航，该项目不仅为游客带来了便利，同时也为当地的商家带来了更多的客流量和商机，有效促进了本地经济的发展。

4. 高度互动与参与性

游客可以通过扫描标签参与互动游戏、问答挑战等活动，增加了旅游的趣味性和参与感，使游客更加深入地融入当地文化。

5. 智能数据分析与优化

通过收集和分析游客的扫描数据，项目团队可以了解游客的偏好和行为模式，从而更加精准地优化旅游资源的配置，提升游客满意度。

标识都市项目无疑是旅游与科技完美结合的典范。它不仅提升了游客的旅游体验，也为布鲁塞尔这座古老城市注入了新的活力。通过这一创新举措，布鲁塞尔不仅成功地将自己打造成了全球领先的数码移动旅游城市，展示了自己在旅游创新方面的领导地位，也为其他城市提供了一个如何利用科技推动旅游业发展的优秀案例。

五、“英德智能”导游软件

（一）案例概况

早在2009年，英德两国的科技公司，就联手开发了一款以增强现实技术为核心的创新智能导游软件，为游客提供了前所未有的文化旅游体验。该软件通过声光与影像的有机结合，使游客能够体验历史文化之美，感受古迹之辉煌。

当游客来到某个景观前，只要对准古迹、废墟等景观拍摄，其定位系统和图像识别技术就会立即启动，迅速判断位置，并在手机屏幕上呈现出古迹在全盛时期的形态。这种跨越时空的体验，使游客仿佛置身于历史的长河中，亲身感受那些美好的历史瞬间。

除了增强现实功能，智能导游软件还提供了交互式的路线规划工具，帮助游客制定个性化的旅行方案。游客可以根据自己的兴趣和时间，选择独特的景点和路线，避免大众旅游的喧嚣，享受独一无二的探索之旅。这种全新的旅游方式不仅为游客带来了更加深入的文化体验，也为旅游业注入了新的活力。

（二）案例创新举措

1. 增强现实技术的创新应用

通过增强现实技术，智能导游软件将虚拟与现实相结合，为游客提供了一种全新的旅游体验。游客可以通过手机摄像头直接看到古迹或遗址在全盛时期的景象，这种身临其境的体验极大地增强了游客对历史的感知和理解。

2. 个性化路线规划

智能导游软件提供了交互式的路线规划工具，使游客能够根据自己的兴趣和时间制定个性化的旅行方案。这种创新举措避免了传统旅游中的大众线路，让游客能够独辟蹊径，探索那些鲜为人知的景点，享受更加深入和个性化的旅游体验。

3. 全球定位与图像识别技术的融合

运用全球定位系统和图像识别技术，就能够准确又快捷地判断游客所处的环境与位置，并呈现出相应的历史景象。这种技术的融合不仅提高了软件的实用性和准确性，也为游客带来了更加便捷和高效的旅游体验。

4. 促进文化旅游发展

智能导游软件通过提供丰富的历史文化知识和独特的旅游体验，促进了文化旅游的发展。它使游客能够更加深入地了解当地的历史和文化，增强了游客对目的地的认同感和归属感。

英德智能导游软件的成功开发和应用，不仅为游客带来了更加深入和个性化的旅游体验，也为文化旅游的发展注入了新的活力。它展示了科技与旅游相结合的巨大潜力，为未来的旅游业发展提供了新的思路和方向。

第六节　国外商务模式借鉴

一、Priceline 模式

Priceline 是一家基于 C2B 商业模式的旅游服务网站，是目前世界大型在线旅游公司之一。Priceline 体现了典型的网络经济特征，给买家和卖家提供一个交易平台，它从中获取利益。它为消费者提供机票、酒店、租车、订餐等在线预订及搜索比价等服务。例如，Priceline 给希望根据特定住宿条件或指定品牌入住的消费者，提供酒店预订服务。消费者可以根据图片和客户评价等相关信息选择酒店，并按所示价格进行付款预订。

自我定价系统（Name Your Own Price）商业模式，是Priceline最独特的地方。

在传统的旅游销售中，商家会提供价格，消费者进行选择后购买。但 Priceline 网站则采取了一种新的方式，让消费者自行定价，然后根据当时的实际情况，如淡旺季、航班时间等因素，来决定交易的可能性。客户自我定价系统独树一帜，被认为是网络时代营销方式的一次重大变革。

更值得赞赏的是，Priceline 通过这种模式帮助供应商平滑淡季波动，这在旅游行业也尤为突出。例如，Priceline 收集掌握到大量的旅游供应商信息后，就能帮助消费者找到自己更加满意的定价产品。尤其是集合的信息形成庞大的数据之后，资源的价格会越来越高。同时，将定价权变为买方定价的商业模式，在消费者给 Priceline 提供了酒店星级、城市区域、日期和价格信息后，消费者就必须接受 Priceline 提供的产品交易。这种将定价权转移到了买方手中的独特商业模式为消费者提供了方便，也为供应商带来了收益。

Priceline 和旅游服务商合作实现共赢，让越来越多平台之外的品牌服务进入他独特的定价系统。随着业务线的壮大，Priceline 掌握了消费者的体验和消费习惯，将酒店、机票、度假、租车等服务进行了整合，产品价格也越来越透明，得到了各界的青睐。

二、HomeAway 模式

HomeAway 亦称好美味网，是全球领先的假日房屋租赁在线平台。自 2005 年在美国启动运营以来，该公司在 2011 年 6 月成功在纳斯达克上市，市值高达 32 亿美元，市盈率达 180 倍。HomeAway 的核心业务是连接房屋所有者和寻求短期租赁的旅客，通过其平台，房东可以付费发布广告，展示他们的房源信息，进而吸引潜在租客。与携程网等 B2C 模式不同，HomeAway 采取的是 C2C 模式，让个人房东与旅客直接进行交易。

HomeAway 以为何还要住酒店为口号，提供了全球范围内超过 56 万个房屋选择，房屋覆盖 145 个国家。无论是城市还是乡村，该平台都能满足不同旅行者的需求。HomeAway 成功的关键在于识别并连接了那些分散的、非连锁的个人房源提供者，打造了一个高效的供需对接平台。为了实现这一目标，HomeAway 通过收购策略不断扩大其业务范围。例如，他们收购了包括美国的 Cyberrentals 和英国的 Holiday-Rentals 在内的多个一流度假租赁网站。2006 年，得益于 IVP 和 Trident Capital 的 1.6 亿美元投资，HomeAway 进一步收购了 VRBO 网站，使其成为全球最大的假日房屋租赁在线服务提供商之一。

随着业务的扩展，HomeAway 吸引了大量用户，每月平均访问量达 950 万次。为了确保交易的安全性和可靠性，HomeAway 采取了一系列措施来防范欺诈行为。一方面，他们鼓励游客查看其他租客对房源的评价，这些评价涵盖了房屋设施、地理位置、服务质量等多个方面。截至 2010 年底，已有超过 100 万游客提交了评价，为其他潜在租客提供了宝贵的参考。另一方面，HomeAway 还提供了一种名为无忧无虑租房保证的服务。如果游客在预订后遇到不合法或无法入住的情况，他们将获得最高 1 万美元的补偿。然而，这项服务需要游客按租金的一定比例付费，最低为 39 美元。这些措施共同提高了 HomeAway 平台的信任度和用户满意度。

三、Triplt 模式

美国旅游网站 Triplt 凭借其独特的服务，正逐渐成为旅行者的首选工具。Triplt 网站拥有强大的整合能力，可以将旅行者在各种渠道产生的预订记录进行统一管理和展示，为顾客提供一份详尽且完整的电子行程计划。无论是机票预订、酒店安排，还是其他旅行相关的服务，Triplt 都能将这些信息集中展示，方便顾客随时随地查看和管理。

除了整合预订记录，Triplt 还提供了一系列附加服务，进一步增强了其与游客之间的互动性。其中，可选航班信息功能允许顾客在计划行程时，比较不同航班的时间、价格和服务质量，从而做出更明智的选择。同时，酒店奖励积分追踪服务让顾客能够实时掌握自己在各个酒店品牌的积分情况，以便在需要时兑换免费住宿或其他奖励。

值得一提的是，Triplt 还鼓励顾客之间的互动和分享。顾客可以将自己的行程计划与他人分享，无论是与家人、朋友还是同事，都可以方便地查看和了解彼此的行程安排。这种社交化的旅行体验不仅让旅行变得更加有趣，也为顾客带来了更多的互动和分享的机会。

总的来说，美国旅游网站 Triplt 通过其强大的整合能力和互动性强的服务，为旅行者提供了一份全面且便捷的电子行程计划。无论是行程管理、信息比较，还是社交分享，Triplt 都能满足顾客的多样化需求，让旅行变得更加轻松和愉快。

第四章 数字文旅产业化

自2020年以来，数字文旅产业逐渐崭露头角，展现出强大的发展势头。在应对公共卫生挑战与满足公众精神文化需求方面，数字文旅都扮演了至关重要的角色，助力城市迈向更加智能化、智慧化的未来。

从智慧旅游的角度剖析文旅产业的发展趋势，文旅产业数字化转型将呈现出迅猛增长的态势。在数字化浪潮的推动下，文旅产业与数字经济的深度融合将成为推动文旅高质量发展的重要引擎，同时也是驱动经济内循环的关键力量，这一趋势将势不可当。

为进一步推动文化和旅游深度融合，提升文旅产业数字化转型质效，是文旅产业高质量发展的重要趋势。我们即将进入科技驱动发展的文旅新时代，科技的进步将助力产品形态的升级和商业模式的创新，为文旅产业的高质量发展注入新的活力与动能。

第一节　数字文旅产业融合的理念与实践

一、数字技术赋能助推数字文旅产业快速发展

“十四五”时期是进入科技驱动发展的文旅时代，科技助力产品形态升级和商业模式创新，为产业高质量发展赋能。数字化时代，文旅产业和数字经济的融合发展成为文旅高质量发展、驱动经济内循环的重要动能。2020年4月9日，中共中央、国务院发布《关于构建更加完善的要素市场化配置体制

机制的意见》，明确把数据列为新型生产要素，与土地、劳动力、资本、技术等传统要素并列。数字技术的新模式和新业态为传统文化旅游产业与文旅深度融合注入了新活力，深化了文旅产业与不同产业之间融合方式、融合路径和融合模式等诸多变革，产生了大规模大体量的数字经济效应。5G、大数据、人工智能、虚拟技术、云计算等数字技术的日趋成熟及场景的广泛应用已经开启了我国数字文旅产业的新时代。

二、产业政策促进数字文旅深度融合

2009 年至 2019 年的 10 年间，我国出台了多项文旅产业发展的政策性文件，产业发展政策以旅游是载体、文化是灵魂为核心发展理念。数字技术的发展和日益增长的高层次的文化旅游需求倒逼文旅产业供给侧结构性改革，倒逼文旅产业相关政策的制定与实施。2019 年国务院印发《国务院办公厅关于进一步激发文化和旅游消费潜力的意见》，提出发展基于 5G、超高清、增强现实、虚拟现实、人工智能等技术的新一代沉浸式体验型文化和旅游消费内容等政策措施。2020 年，文化和旅游部、国家发展和改革委员会等部门陆续发布《关于推动数字文化产业高质量发展的意见》《关于深化“互联网 + 旅游”推动旅游业高质量发展的意见》《关于支持新业态新模式健康发展激活消费市场带动扩大就业的意见》等政策性文件，从多个角度提出推动文化和旅游产业数字化、网络化、智能化转型升级。2021 年 4 月 29 日，文化和旅游部印发《“十四五”文化和旅游发展规划》，继续将推进文化和旅游融合发展作为重点任务之一，提出要顺应数字化、网络化、智能化发展趋势，建设一批国家文化产业和旅游产业融合发展示范区。

2021 年，国家发展和改革委员会、文化和旅游部等 28 个部门联合印发《加快培育新型消费实施方案》，提出深入发展数字文化和旅游。国家发展和改革委员会、文化和旅游部联合印发《关于推动公共文化服务高质量发展的意见》，提出加快推进公共文化服务数字化。这些政策性文件鼓励公共文化机构与数字文化企业对接合作，大力发展基于 5G 等新技术应用的数字服务类型，拓宽数字文化服务应用场景，探索发展数字文化大众化实体体验空间。

由此可见，推动数字文旅产业高质量发展已经上升为国家战略，成为文旅产业转型升级的重大课题。

三、数字科技＋文化＋旅游形成的新业态

数字科技促进文旅行业转型发展。以网络为载体，以数字技术和信息通信技术与文旅业的深度融合形成了数字文旅的特征。5G、大数据等数字化科技，为文旅融合提供了更大动能，催生了新业态、新模式，文旅服务智能化、旅游参观互动化、文旅体验网络化正逐步形成。

“数字科技＋文化＋旅游”形成的新业态让分享更广泛、交互更高效、体验更丰富。“数字科技＋文化＋旅游”形成的新业态主要体现在三个方面：一是线上博览体验。人们可以通过线上美术馆、博物馆、艺术馆媒介等，借助 AR、AI、VR 等互联网技术，360 度全场地景观看文物、艺术品。二是智慧旅游产品和服务。以无接触服务为特征，为人们提供高度智能化的智慧酒店、智能客房、景区无人商店、无人售卖车等相关旅游产品和服务，也包括酒店的入住自助办理、景区的扫码入园等智能服务。三是旅游智能制造。如融合应用 AI、AR、VR 等新技术，生产智能滑雪板、智能头盔、智能服装等旅游智能装备和用品，沉浸式过山车、无人驾驶游览车、AI 观光车等智能设施设备。另外，还有邮轮游艇、房车、索道缆车等旅游装备制造企业的智能化升级，以及旅游装备制造企业的数字化生产，将生产过程、销售过程、售后过程等进行全程数字化。

四、文化遗产数字化现状

文化遗产不仅承载着一个民族的文化基因，而且折射出一个民族的精神特质。文化遗产的传承保护和利用发展一直是各国文化建设的重要课题。

联合国教科文组织在《保护世界自然和文化遗产公约》中指出，文化遗产从历史、艺术和科学视角来讲，是人类创造并遗存下来的具有突出的普遍价值的建筑式样、人类工程、考古遗址等。

文化遗产数字化是通过利用当代测绘遥感和计算机虚拟现实技术，以数字化的方式将文化遗产的全部动产与不动产数据真实地、完整地存储到计算机网络，实现三维数字存档，供保护、修复、复原及考古研究和文化交流使用。

文化遗产资源数字化建设及开发利用水平的高低，成为一个国家和民族文化发展水平的先进程度的标志。

我国文化遗产数字化研究始于 20 世纪 90 年代，为我国在消失文化遗迹的数字化再现研究方面奠定了实践基础。1998 年敦煌研究院开发了莫高窟壁画虚拟漫游展示系统，启动了数字化敦煌壁画合作研究项目；2002 年清华大学建筑学院用时 15 年，复原了 120 组不同历史时期的时空场景，2000 座数字建筑模型，启动了虚拟圆明园项目；2008 年故宫博物院和 IBM 合作，开发了超越时空的紫禁城，游客在网络上就可以游览、欣赏 3D 虚拟的宫殿建筑和历史文物；在数字故宫建设的基础上，2014 年故宫博物院又启动故宫书画的关键技术和全媒体传播策略研究，实现了传统文化与时代气息的融合。

目前，文化遗产转换成数字化形态已成为世界文化遗产保护的新潮流。各国在数字化博物馆、图书馆、美术馆，数字化建筑遗迹等数字工程中不断探索，取得了可借鉴、可共享的成果。例如，由瑞士洛桑联邦理工学院主导的威尼斯时光机项目，通过可视化形式为威尼斯及其历史发展构建一个多维度模型，可向公众展现千年以来这座城市的文化发展与历史变迁。据研究成果表示，以文化遗产素材的简单数字化向自由化交互欣赏、开发注重使用者体验、具有研究比较和教学功能的高精度数字工具方向发展是未来文化遗产的数字化再现与传播的最佳方式。

我国文化遗产数字化建设主要在修复、仿真、建模、虚拟等技术层面。数字化是文化遗产保护的手段，但关键还在于文化遗产的传承与传播，更在于信息资源的进一步创新与发展。

第二节　数字文旅产业融合的制约条件

推动文旅深度融合发展是推进文化建设和旅游强国的关键路径，也是文旅产业高质量发展的重要手段。创新旅游产品和业态，促进双向融合是数字文旅创造性转化和创新性发展的重要工作内容。数字文旅产业融合存在着许多制约的因素。

一、产业融合不充分、不平衡

（1）对文旅融合的认知不足，理念和思路陈旧滞后。文化与旅游的融合，融只是形式，合才是本质。不能只是把文和旅放在一起，就认为文旅融合了，如果对文化与旅游景区的契合、关联和审美等方面考虑不充分，强行融合，就会不伦不类。特别是部分地区的文旅产业对基于数字技术赋能助推文旅融合的认识还处在起步阶段，并持有观望态度。还有相当一部分地区的文旅产业依然处于融而不合的低位运行的初级阶段。

（2）对文旅融合的内容理解不充分，特别是与数字技术的融合力度偏弱，支持技术融合的体制机制不健全。部分地区文旅产业的数字化进程较为缓慢，依托数字化技术改造升级传统文旅产业的力度不够、措施不多。

二、呈现数字泛化过热的现象

传统产业与数字技术的融合发展，加快了文旅等产业数字化转型的步伐。但人们对数字技术与产业融合的概念、功能和方式在认识上还存在着很大的误区，认为只要推动了产业数字化转型，就会提高产品竞争力，实现产业创新发展。同样，在文旅产业领域也存在着数字技术泛化的过热现象，与数字技术融合的数字文旅、区块链文旅等新概念不断出现，虽然概念提得多，口号喊得多，但真正能实现数字技术融合的数字文旅精品项目并不多。因此，文旅产业需要清醒地认识到，数字化只是一种技术手段，只有和旅游等实体经济相结合才能有效发挥其作用，正所谓数字技术为用，实体产业为本，数字技术助推实体产业的转型和创新发展才是目的。

三、数字文旅等产品的知识产权保护有待提高

随着数字经济规模快速增长和传统产业的数字化改造提升，数字文旅等产品的知识产权保护问题越发凸显。数字经济是以数据为关键生产要素，数据可以参与价值的创造过程，但数据不同于土地、劳动力、资本和技术等一般的生产性要素，其属性、使用权的界定还不够明晰。在推动数字经济赋能旅游资源的创造性转化和创新性发展上依然存在知识产权保护乏力等一些

问题。同时，在数字时代，各类网络平台登记注册的消费者个人信息等隐私也存在极大的泄露风险，信息安全保护问题也越发凸显。数据的开放共享、数据资源价值的提升、数据的安全保护、数据的定价、数据的市场交易、企业对数据的使用权与使用范围的界定等，都是后数字经济发展时代亟待解决的法律法规问题。数据使用等网络安全相关的法律法规缺失，以及数据市场的监管缺位已大大制约了数字经济对相关产业的渗透与融合，也影响了文旅产业数字化转型与创新发展。

四、文旅产业政策支持力度需要加强

任何产业的发展都离不开政府的政策支持，政策支持力度直接决定一个新型产业的发展和壮大。为适应并快速推进文旅产业与数字技术融合，政府已出台了加快数字文旅发展的系列规划、意见和实施方案等。例如《关于深化互联网+旅游推动旅游业高质量发展的意见》《文化和旅游部关于推动数字文化产业高质量发展的意见》《国务院办公厅关于进一步激活文化和旅游消费潜力的意见》等政策文件都从多个维度提出支持文旅产业数字化、网络化和智能化转型升级。但整体来看，相关的政策文件较为宏观，微观的实施细则较少，特别是涉及数字文旅产业发展的顶层规划设计、金融财税、行业规范与技术标准等支持性配套政策基本空白，支持力度乏力。（胡优玄，2022）

第三节　文旅产业数字化转型：政策引领与创新发展

一、强化文化和旅游产业数字化基础设施建设

旅游业的发展离不开文化和基础设施建设，丰厚的文化底蕴和优质的旅游基础设施是吸引游客、发展旅游业的关键。因此，文旅中心和旅游企业要把握国家新型基础设施建设和数字化建设的机遇，完善旅游目的地数据中心、5G 基站、云平台、融媒体中心、智慧导览系统等建设，进一步提升和改造文化和旅游产业数字化发展基础。加速提升旅游公共场所、高速公

路服务区、重点交通集散点、乡村旅游点、旅游娱乐场所、旅游餐馆、购物街区及旅游厕所等数字化建设的质量和服务水平，提升文化和旅游企业数字化应用基础。

二、提升文化和旅游行业数字化管理与服务能力

打造各地文化和旅游产业数字化监管平台，全力提升旅游目的地在行业监管、市场营销、人才培养等方面的数字化管理能力，以此进一步推动数字技术在旅游目的地的广泛应用。借助数字技术，精准实时了解和掌握区域内的企业发展动态、产业资源分布、游客消费习惯、公共场所的人流情况及区域内的客流动向，以此为基础制定旅游产业政策、引导产业发展、提升公共服务质量和基础设施配套建设、提升行业管理效率和公共服务水平。同时借助互联网和移动互联网登录数字化监管平台，开展不同主题、不同从业人员参与的培训活动，提升业内员工的职业素养。文化和旅游企业要与旅游目的地政府部门进行数据开放共享，优化数字化技术发展环境。

三、加快推动数字文化和旅游业态、产品与服务的创新

深入开展创新性网络营销活动，加大培育适应新媒体发展力度，让有温度、多形式的旅游营销服务大众。推动文化和旅游产业数字化发展，不断完善数字文旅产品，推动数字文化和旅游新业态、新模式蓬勃发展。加速虚拟现实、人工智能、大数据等技术的广泛应用，推动沉浸式游乐园、智能酒店、沉浸式演艺、数字博物馆、线上全景游等新业态发展。开展展览、演艺、娱乐、线上直播等业态的云活动，扩大规模，优化内容。加快研发生产旅游智能装备，推动旅游装备制造业生产过程的数字化。

四、构建数字文化和旅游资产交易与流通体系

以数字文化资产为依托，借助科技和创意，孵化更多数字文创产品、数字景区、数字博物馆等业态和产品。打造数字文化和旅游资产市场化流通和交易体系，形成数字资产的存储、交易平台。进一步推进优秀文化资源的数

字化转化、存储和开发，形成海量数字文化资产。为数字文化和旅游资产的流通和交易服务。

五、加强数字文化和旅游市场主体建设

文化和旅游系统充分利用当前的技术环境和条件，以技术创新和制度创新为主线，加强网络化融合创新社会服务供给渠道，以智能化创新提高社会服务供给质量。积极引导互联网和科技领域的龙头企业进入数字文化和旅游产业领域，加速产业的数字化步伐。鼓励大型文化和旅游企业加速数字技术的研发和应用，不断创新业态和产品，提升企业竞争力。鼓励中小文化和旅游企业通过购买服务等多种方式，加快旅游数字文化和旅游市场的主体建设，共同推动数字文旅产业的繁荣发展。

六、聚焦产业打造，完善产业链和配套措施

数字文旅产业化发展路径：一是推动龙头项目建设，通过对数字项目品牌化运营，加快头部数字文旅项目的发展；二是推动产业集群建设，在龙头数字项目的带动下，倾力打造中小型数字文旅项目，与龙头数字项目形成呼应、联动和融合；三是完善产业链建设，搭建数字文旅产业上下游产业链条；四是强化配套设施建设，为数字文旅的发展提供基础保障。

第四节　数字文旅产业相关技术

一、旅游大数据

旅游大数据是对多源异构数据进行整合以后的数据集，包括结构化、半结构化与非结构化数据。旅游大数据不仅具有规模性、多样性、高速性、价值性等特点，还具有明显的学科交叉属性，涉及地理学、统计学、计算机科学等学科，因而相关成果呈现出分散化与多元化趋势。

在现代旅游发展中，大数据技术的运用，能够探究到旅游行业存在的问题。

通过对大数据进行分析，能够掌握现代旅游行业的发展趋势及运营情况，例如旅游行业淡旺季时间、游客的消费能力以及满意度等。根据大数据技术的分析，发现游客的需求，再根据游客需求采取相应的措施提升竞争能力。大数据技术也是现代旅游管理部门提升企业管理能力的全新途径，企业可以基于大数据技术进行管理与决策。

二、文化资源数字化与非遗活化利用技术

文化资源数字化是文化资源产业数字化的重要支撑和保障，文化资源数字化建设是现代公共文化服务体系建设的重要组成部分，数字化新技术是推动文化资源建设、提高文化资源创新能力和传播能力的新引擎。

运用采集、加工组织、存储、版权保护、集群高并发检索与动态调度、智能展示等数字化高新技术，汇集、整合不同文化机构的数字文化资源，实现文化资源的集中管理、统一检索与联合展示，这是文化资源数字化最常用的技术手段。

活化利用是在非遗保护与传承基础上的创新与发展，是对非遗生命力的拓展和延伸，能够通过市场化、产业化的方式，更好地推动非遗的保护与传承，有效促进非遗在当代的持续健康发展。通过活化的途径有效利用旅游资源是对非物质文化遗产最根本、最有效的保护。数字档案的高精度、易复制和易保存的特征，能够节省大量的储存空间。

三、数字经济

数字经济以数字化的知识和信息作为关键生产要素、以现代信息网络作为重要载体、以信息通信技术的有效使用作为效率提升和经济结构优化的重要推动力。

数字经济是通过大数据技术的识别、选择、过滤、存储和使用，实现资源的优化配置与再生，促进经济高质量发展。数字经济形态以数据为核心驱动力，相较于传统经济模式，其在发展质量、效率和动力方面均展现出显著优势。

在互联网的时代背景下，数字经济已经是社会经济的重要组成部分，在推动整体社会经济发展的过程中发挥着关键作用。因此，需要认识到当下阻

碍数字经济发展的种种问题，并以此为依据，加强问题分析，提出一些针对性的应对策略来解决问题，推动数字经济稳定健康地发展。

四、旅游时空建模

在旅游信息的处理上，人工智能、建模技术和智能信息等技术的应用显得尤为重要。这些技术和理论不仅为旅游数据的收集、分析和挖掘提供了坚实的基础，还在假日旅游实践及空间分析模式中发挥着不可或缺的作用。通过对假日旅游信息的分类，文化和旅游产业可以进一步构建假日旅游时空数据模型，从而更深入地理解旅游活动的时空分布与变化。

时空数据模型是对客观世界的一种概念性抽象，它由一系列相互关联的、具有动态特性的实体组成，主要包括几何数据模型和语义数据模型。其中，几何数据模型专注于描述空间实体或现象的几何分布、空间关系以及与时态变化相关的特征；而语义数据模型则侧重于描述空间实体或现象的专题信息、非空间关系以及部分时态信息。

文化和旅游产业通常采用多种方法来构建有效的时空数据模型。这些方法包括时空立方体模型、连续快照模型、基态修正模型、时空复合模型、时空对象模型等。此外，还有基于关系型数据库的第一范式（1NF）和非第一范式（N1NF）的时空数据模型，以及基于事件、Voronoi 图、图论和面向对象的时空数据模型等。这些模型各有特点，可根据具体需求选择合适的模型来构建和应用。

五、元宇宙

“元宇宙”一词的概念最早来源于美国科幻作家尼尔·史蒂芬森在 1992 年出版的小说《雪崩》。根据号称“元宇宙第一股”的罗布乐思游戏公司在招股书中对元宇宙下的定义，元宇宙有 8 个方面的属性，即身份、朋友、沉浸感、低延迟、多元化、随地、经济系统和文明。而中信证券《元宇宙专题研究报告》认为，元宇宙具备四大核心要素，即沉浸式体验、内容丰富性、社交性、经济体系。

元宇宙的火爆起始于 2021 年，这一年可以被称为元宇宙元年。特别是在

2021 年 3 月，沙盒游戏平台的上市，更是引爆了元宇宙概念，使其开始受到广泛的关注和讨论。

虽然元宇宙众多技术难题和基础设施建设还需突破和进一步完善，但元宇宙如何赋能文旅产业数字化转型，给文化和旅游产业带来的机遇和前景值得重视和关注。

在文化和旅游领域，一些景区已经出现了搭车元宇宙概念的情况。例如，2021 年，西安大唐不夜城景区打造了全球首个基于唐朝历史文化背景的元宇宙项目《大唐·开元》；张家界景区成立了元宇宙研究中心，已在探索元宇宙在数字化旅游中的应用。

元宇宙技术是在 5G、人工智能、虚拟现实、区块链、大数据等多种技术的支持下，与物理世界分离但始终在线的平行数字世界。人们可以通过虚拟形象在元宇宙内生活，并拥有完整的经济和社会系统，获得无限与现实连通的真实体验。元宇宙的特性和属性或将颠覆人们对传统文化和旅游的认知。随着元宇宙各项技术和基础设施的发展完善，线上与线下将被彻底贯通。届时，虚实相融、相互平行的数字世界将成为人类第二空间，人类的现实生活将开始大规模向这一空间迁移。

基于此，文旅元宇宙将突破传统旅游时间与空间的局限，获得更有沉浸感、科技感、补偿感的体验。例如，在文旅元宇宙构建的第二空间中，人们的旅行将能够不再考虑天气、场地、交通等因素的影响，足不出户便可以实现瞬间位移周游世界，同时也避免了人流拥挤和长途劳顿；人们也可以一键实现时光流转，穿越回古代都城长安感受大唐盛世，领略不同时代的文化魅力。

文旅元宇宙给用户带来的沉浸式体验绝不是单纯停留在一些文字、图片和声光电等物理层面，也不是浏览网站视频或 VR 式的单机操作，它更是一种基于心理学和精神学范畴，凭借新型数字基础设施搭建、重构甚至创造出来的数字文旅空间，将更加突出用户体验过程中产生的共情，高速率、低延时的网络连接和特有的经济和文化符号，将让用户拥有高度的参与感和更加真实的社交体验。

元宇宙的深度发展有可能重塑文旅产业的业态和模式。文旅产业将会加快数字化转型，升级数字文旅生态链，以一种全新的方式模拟、感知、体验现实和历史世界，形成“元宇宙 +”的新型文旅产业形态。一是搭建智慧化

云平台，丰富虚拟人、全息沉浸式技术、数字文博等元宇宙产品与内容；二是加强数字基建，促进平台、内容、终端、渠道等多维度的深入融合，打造特色数字文旅 IP，制定行业标准；三是积极拓展新业态，通过 5G、AI、云计算、区块链等前沿应用的投入，将现实与虚拟世界完美融合。利用元宇宙技术，各类书法、绘画及文物展览呈现出多感官、多维度的景象，让虚实融合、动静融合的沉浸式体验魅力无穷。

第五节　数字技术创新驱动：开拓数字文旅产业融合发展新路径

一、积极推进文化旅游产业向数字化转型

随着人工智能、大数据、5G 等现代信息技术的发展，数字技术已成为产业创新的重要引擎，文化旅游产业向数字化转型也成为必然。

全球数字化浪潮改变了人们的生活方式，商业模式也发生了大变革，新的管理模式、服务方式应运而生。数字化思维已经深入渗透到产品开发和设计领域，数字基础设施建设得到加速推进，大数据、人工智能等新兴数字化技术也获得了快速发展。通过这些数字化手段，文旅产业正实现深度融合，展现出无限潜力。

数字化平台的建设和功能的整合，使得文化旅游产业得以全方位、多角度、多链条地实现数字化。这不仅重构了文化旅游产业的供应链和产业生态，更推动了新数字模式和新业态的快速发展，为文化旅游产业的融合注入了新的活力。

文旅产业场景的变革也离不开文化的真正创新与数字文旅新场景的打造。文化的最大优势在于其内容，而旅游的最大魅力则在于其场景。从文旅融合发展的角度来看，文化作为内容的核心，使得城市文化转化为可视化的场景，文化艺术与旅游的融合则呈现出全新的场景，为游客带来了游览观赏、文化交流、美食体验、交通便捷、住宿舒适、康养休闲等多方面的提升，满足了游客日益多元化的需求，进一步推动了整个文旅市场的繁荣发展。（王红等，2021）

二、政府与企业各司其职

各级政府在文旅产业转型过程中要以引导者、监管者、服务者的身份，从实际出发，坚持规划引领、量力而行、分类实施、分阶段推进，对产业融合进行宏观调控。在文旅融合发展过程中，政府还要从制定科学的发展规划、加强宣传营销、引进文旅人才、不断创新提高市场竞争力这几方面出发，提高地方文化旅游的吸引力，促进地方文化旅游产业的转型升级和发展。

各类文旅企业必须改革创新，增强市场竞争力。改革创新是文旅融合过程中增强市场竞争力的前提条件，通过创新项目开发、市场拓展、科学技术、宣传营销、文旅产品等实现文化产业和旅游产业的有效融合。创新发展思路，寻求文旅转型发展的多渠道路径。同时，抓住推动发展数字文旅产业的政策契机，通过提高在线培训能力、升级在线平台功能和加强数字化营销等手段，顺应文旅产业发展新趋势。（谢文卿，2021）

三、推进文旅公共服务深度融合

文旅公共服务融合是实现文旅服务于民的现实需要。文旅公共服务融合既能利用资源和节约资源，扩大文旅产品和服务的覆盖范围，也能够提高数字技术的渗透度，从而为文旅融合发展拓展全新空间。一是以提升文旅产业数字化为目标，不断完善文旅产业公共服务体制机制，不断强化文旅公共服务的顶层设计；二是统筹公共服务设施建设，探索建设和改造一批文旅综合服务设施，为人民群众提供更好的、更丰富的文旅产品和服务，切实增强人民群众的文旅获得感和幸福感；三是优化文旅管理部门的服务，进一步提升管理部门的服务效能，使管理部门成为文旅产业数字化转型的后台服务器。（夏杰长等，2020）

四、完善产业发展的政策体系

作为未来文旅融合发展的新生态，数字文旅产业的发展离不开多层面的政策协同与配套，也需要形成推动数字化文旅产业发展的长效机制。一是推动形成数据要素市场，进一步完善数据平台建设，不断释放数字技术对经济

发展的放大、叠加作用；二是加快建立适应数字文旅产业发展的法律法规、管理规范、行政条例、考核体系和产业统计体系等，为数字文旅产业的发展创造良好环境；三是出台相关举措，给予数字文旅企业在用地、用能、创新等方面重点支持；四是加大财税政策对数字文旅产业的支持力度，可以考虑设立数字文旅产业专项资金，同时也要引导金融机构加大对数字文旅产业发展示范项目、重点项目的信贷投放，增强数字文旅企业的发展信心和后劲。（夏杰长等，2020）

以激励创新为重点，完善支撑数字文旅产业融合、协同和创新发展的法律法规和政策体系。第一，继续加大出台激励数字文旅产业创新发展的法律法规和政策措施力度，构建协同创新、高效运行的产业政策支持体系。进一步出台、完善和优化数字基础设施建设、数字文旅生态构建和数字化文旅应用场景、行业规范标准、金融财税支持、人才配套、产权保护和统计体系等相关政策措施，加快推进文旅产业数字化场景运用，创新发展更多基于数字技术赋能的数字文旅产业新业态、新模式。第二，进一步促进数字文旅产业促进政策的实施落地。地方政府要把激发文化和旅游消费潜力作为地方经济发展的主要任务之一，高效落实系列激励创新政策措施并结合地方文旅产业的优势特色做大、做优、做强本土数字文旅产业，从而促进地方经济高质量发展。第三，加快推进数字权益的立法，进一步明晰数字经济的权益问题，解决好数据要素的产权制度、标准规范、交易平台、治理机制等问题。第四，建立数字文旅产业多方联动的协同发展机制，增强政策之间的协同性。文旅产业链延伸，既要补短板，更要强链条，要强化产业链上下游的协同合作，提升产业链效率，才能做大、做强数字文旅产业链，通过政策导向打通数字文旅企业之间的内循环，做大、做强龙头企业并产生示范效应，增强产业发展协同性。（胡优玄，2022）

五、文旅产业的融合发展关键在于产品创新

以内容为本建设为核心，以数字技术融入为手段，培育数字化文旅融合创新产品，重构文旅产业新业态。文旅产业的融合发展，关键在于产品创新，内容为本始终是文旅产业高质量发展的核心理念。

（1）以优秀的传统文化、民族文化资源为核心，深入挖掘、整理、提炼文化精髓，让优秀文化与旅游融起来，并借助数字技术的应用让文化活起来，从而创造出备受新时代消费者青睐的文旅产品。

（2）以数字技术创新为关键手段，既要进一步加快数字技术研发和应用场景的运用，更要加快推进 VR、AR、5G、区块链等数字技术与文旅产业的融合，推出更多诸如虚拟现实景区、虚拟现实娱乐、数字博物馆、3D 景色、VR 欣赏、游客交流互动等数字文旅新产品和新业态，以数字技术赋能支持数字文旅产业链的创新，最终提升数字文旅产业的有效供给水平。

（3）通过数字技术融入推进旅游服务的数字化提升，推广数字导游、导览、导购等智能化旅游服务，提升旅游者的消费体验。（胡优玄，2022）

六、推动数字技术与文旅体验的融合应用

以体验为发展导向，创新文旅产业数字营销推广模式，不断提升数字文旅产品的沉浸式体验。文旅产业是较受消费者青睐的产业，是大众参与度较高的产业，也是经济内循环中消费潜力巨大的市场之一。文旅融合的关键是体验，而数字技术改变了消费体验。要推动数字技术与文旅体验的融合应用，通过数字技术精准分析旅游市场的需求，不断拓展消费者的体验内容、体验方式和体验质量，从而精准满足数字时代消费者多样化的行为体验和深层次的心理需求。要推动数字文旅产品的数字营销推广、品牌建设的创新，充分利用数字技术把消费者的文旅体验与文旅产品的宣传推广结合起来，让文旅体验转化成无形的口碑和宣传动力。新时代消费者的需求充满个性化、多元化和张扬性，更加注重追求体验化和品质化，消费理念和消费习惯的颠覆倒逼文旅产业向数字化转型。同时，数字文旅的发展也正是顺应了消费者需求和体验的改变，只有践行“体验为王”的发展理念，通过以提升消费者多元化的体验方式来不断创新营销推广的模式，才能实现数字文旅产业的融合、创新发展，并成为提振内需的主力。（胡优玄，2022）

七、数字技术与特色文旅资源结合

各地利用数字技术发展文旅产业，一定要与当地的特色文旅资源结合

起来，形成规模、形成互补、形成势能，要有主打产品、主打项目。新技术手段是补充而不是替代，要将传统和现代很好地结合起来，提高社会效益和经济效益。

积极拥抱数字化时代，大力发展数字文艺。传统艺术需要与时俱进，以时尚化的面貌展现给世人，利用符合时代审美的手法，用国际化的语言讲述中国故事，从而活态、立体地展现传统文化的魅力。同时，我们还应推动舞台艺术的影像化进程，充分运用影像思维和数字技术，将传统艺术的精髓与现代科技相结合，实现虚实相生的中国韵味、中国气派。此外，在互联网+思维的指导下，我们应追求高效能的传播方式，通过轻松快捷、碎片化的传播手段，受众即便足不出户，也能深切感受到艺术的无穷魅力。这样的努力，将使传统艺术在数字化时代焕发出新的生机与活力。

八、推进科技+文旅融合

智慧文旅的核心是推进融合，包括科技与产业的融合、资源的融合、文旅的融合。特别是通过推进文旅融合，推动产业高水平高质量发展。文旅融合需要科技支撑，智慧文旅的发展同样离不开科技支撑。科技助推文旅融合发展，是产业的需要，是社会的需要，也是发展的需要。科技+文旅，不是简单的叠加、机械的罗列，而是要遵循发展规律。推进科技与文旅的融合发展，检验其实际效果的是产业，是社会，是时间。

九、利用数字科技的发展来提升民族文化旅游项目的线上转化率

利用数字科技的发展来提升民族文化旅游项目的线上转化率，是旅游企业加强抗风险能力的重要手段，也是目的地旅游企业提升市场竞争力的重要途径。在挖掘产品内涵方面，将民族文化旅游产业与人工智能、虚拟现实等技术深度融合，利用虚拟现实技术的数字化全景技术，以其信息量大、视角新颖、交互性强、沉浸感真实等特点来提升民族文化旅游产业的科技感和文化价值内涵；在数据管控方面，推出数据管控平台，实现随时随地掌控全市文化和旅游客流数据、业态指标、异常感知、联动预警等；在保护文化旅游资源方面，利用全数字近景摄影测量，获得数字等值线图、崖面数字高程模型，数字正

射影像及其复合产品，增强保护文化旅游资源的灵活性和多样性。通过数字化转型，充分顺应产业智慧化转型、云模式消费的潮流，积极打通线上供需渠道，以充分应对和满足当下文旅市场的消费需求。（林轶等，2021）

十、加快数字人才培养

为了促进文化和旅游的深度融合和发展，小程序、数字博物馆、云上文博会等数字化平台上线应用，随之互联网＋文化和旅游产业创新升级，无论是管理人员还是向导，不仅需要文化和旅游方面的专业知识，还需要具备数字化技术知识和手段的人才。

通过文旅系统人才培养的变革，引进一批高学历、接受新事物快的年轻人来充实文旅产业团队。在高校进行试点，开设部分数字化思维和数字媒体应用的文旅类课程；政府出台相关政策吸引信息化人才投入数字化技术研究；激发社会企业、协会、机构投身到文旅产业数字人才培养中。通过政产学研用等模式，提升旅游产业人才的数字化技能和实训能力。（王红等，2021）

第六节　数字文旅产业化的案例

一、重庆中国三峡博物馆：数字资源建设助力数据融合与文化传播

博物馆数字化的核心是博物馆资源数字化。重庆中国三峡博物馆智慧管理平台着力打造体系化的文物数字资源管理与展示系统，按标准制作文物数字资源，保障文物数字资源的通用性和可扩展性。结合总体设计需要和展览展示需要，通过采集现有文物信息数据、三维数字化珍贵文物、挖掘专题库、开发创意多媒体资源、整合展陈和活动资源及采集业务行为数据，形成了博物馆四大数据资源中心。

（1）加强珍贵文物三维资源库建设。重庆中国三峡博物馆完成了馆藏珍贵文物的三维数字化采集加工，并经过三维扫描、纹理拍摄以及后期制作，

还原为珍贵文物的原真模型，为博物馆多方位展示和文物研究提供了方便。

（2）加强专题资源库建设。一是对三峡文物抢救保护工程档案进行数字化采集及著录，建立三峡文物抢救保护工程档案数据库，利于开展三峡地区的研究工作；二是把研究人员历年收集的家谱资源进行数字化扫描并建立专门的专题资源库，方便馆内外开展相关研究；三是利用中国知网的海量资源，再次开发形成三峡文化专题资源库，为馆内职工开展研究工作提供丰富的资料，还通过网站无偿对观众提供论文查询、全文阅读及下载服务。

（3）加强创新驱动，让文物“活起来”。博物馆面向自身，不断深入挖掘文物藏品的文化内涵，让文物的故事深入人心。重庆中国三峡博物馆制作了多个系列动画，如馆藏花鸟画、白鹤梁、汉代画像砖（石）、重庆老城门等系列动画。同时，为让观众足不出户就可以从网上观展，重庆中国三峡博物馆还开创性地推出了多个展览的视听导览，希望以直观有趣的方式，多角度地展示博物馆资源及其蕴含的丰富文化内涵，给观众以全新的体验。

二、羌族文化旅游产业创新与数字化建设

羌族是我国最为古老的民族之一，历史文化悠久。利用现代化信息技术将数字科技、旅游产业和羌族文化有机融合，带动当地旅游产业蓬勃发展。羌族文化遗产大数据库的建立和使用，是展示羌族文化、传播羌地旅游资源、推动羌区旅游产业发展最好的文化平台与宣传窗口，也是创新羌族文化旅游业新模式的有效手段。

移动互联网对于新业态、新模式的提升作用较为明显。移动互联网的发展加大了游客对于羌族文化旅游的认知程度，提升了游客对羌族文化旅游的兴趣。网络资料的丰富性和声影结合的宣传方式，可以极大地满足游客对于羌族文化和旅游的认知，加深了文化旅游的认同感。

互联网为游客提供了出行的便利条件，提升了羌族文化旅游业的服务层次。游客出行不可避免地要考虑住行，因为现在快节奏生活的需要，人们对于交通便利情况的考虑也是选择旅游目的地的重要参考。互联网可以为游客提供网络订票服务，还可以提供网上订购宾馆、酒店的服务，大大节省了

游客在准备过程中的时间成本，使得旅游变得简单而高效，在有限的时间内追求最大的享受，这就是游客的旅游心理。

多媒体的运用与大数据库的互联，以全新的科技手段、全球的关注视角讲好羌族故事，创新了羌族文化遗产在互联网中的展现方式。在移动互联网中，一方面，可以如街景视图实景全方位展示碉楼文化，规划羌区碉楼文化旅游路线；另一方面，也可以实景全方位展示当地秀美的山川，绿色生态的自然环境，达到人与自然和谐共处的宣传效果。同时，移动互联网还可以以活态、实时加互动的方式展示羌人的生活，展示羌族节庆活动的过程。这些鲜活的展现方式，亲切而自然，真实而有趣，无疑将增加羌族文化遗产的使用价值，扩大羌区旅游资源的影响力。

移动互联网结合羌族文化遗产数据化，利用自身的文化资源优势，结合大数据统计和分析，为羌族地区建立区域性的优势旅游景点、独特人文景点，乃至在“一沟一品”“一村一品”特色旅游产业的建设过程中，都提供了理论参考和数据支撑。例如，将羌族文化遗产数据库中的释比文化数据库与汶川县羌人谷的释比文化基地对接，与理县蒲溪沟的释比羊皮鼓之村对接，以数据库的云计算优势，为浏览者提供全方位的信息服务。同时，在“一沟一品”“一村一品”特色旅游产业的规划中，羌族文化遗产数据库更可以提供从历史梳理到文化包装、从产品推荐到市场评估全方位的数据支撑。（吴和君，2016）

近年来，越来越受到游客喜爱与追捧的创意景区，其实质仍是文化产业对传统旅游产业的提升，以及对旅游活动、景观、游憩和服务设施进行创意设计，例如主题乐园、民宿、农庄、户外活动等。通过丰富旅游产品业态，增加文化体验，提高游客满意度。创意景区是旅游景区摆脱门票依赖，进行转型升级的突破路径。

移动互联网与交通旅游服务大数据的结合，为羌族地区突破传统的资源型旅游景区的瓶颈，转向更富时代气息与创新性的创意景区提供了支持。移动互联网携手景区建设创意景区，将为游客提供好玩的产品和优质的服务，为羌区广大村民的万众创业提供良好机会。（仲昭铭，2021）

三、山西文旅数字体验馆：科技＋让游客一馆游山西、览古今

（一）案例背景

山西文旅数字体验馆位于太原市小店区龙城大街，由山西文旅集团统筹投建，2019 年 10 月 11 日正式开馆运营，是国内首座省级文化旅游融合的数字化综合体验展馆。

体验馆以“华夏古文明，山西好风光”为主题，运用人工智能、混合现实、全息成像、AR、VR、体感交互等技术，打破历史、艺术、技术的界限，再现了山西丰富的文旅资源和悠久的历史文明。

作为山西文旅数字新名片，山西文旅数字体验馆被评为 2020 年文化和旅游融合发展十大创新项目之一。2021 年，被确定为全国首批国家旅游科技示范园区 7 个试点项目之一。

（二）案例创新举措

1. 塑造多元沉浸体验新纪元

科技魅力四溢，为每位踏足体验馆的游客带来前所未有的震撼。游客自序厅踱步进入山西好风光沉浸式长廊，四周雄浑的太行山脉与脚下的奔腾黄河交相辉映，720 度镜像长廊与高清影像构建出纵深感，使游客仿佛悬空于山河之上。穿梭于华夏古文明与山西好风光两大展区，时间的流转与空间的延展交织，呈现出五千年的历史文化与三晋的壮美风光。

沉浸的旅程刚启程，讲解员已在一侧山脉旁悄然开启新篇章。静谧的走廊引领游客领略三晋山河的韵味，从华夏源头到秘境山西，每一个场景都如梦似幻，将文明与文旅完美融合，转化为可体验、可感受、可传播的新业态。游客在此可以观赏平遥古城、聆听上党梆子、上党落子等晋音晋曲、品味山西各种美食和非遗手艺，登船远眺黄河的奔腾，长城的辽阔，穿越峡谷感受太行山的壮美。

体验馆的技术团队运用雷达、微波感应、红外识别等智能交互技术，结合大数据、人工智能等前沿科技，创造出富有趣味性的沉浸式娱乐体验，使文旅资源焕发新生。同时，展演内容的灵活更新与迭代，确保游客的每一步都充满新鲜感与仪式感。

2. 开启产学研融合新篇章

山西文旅集团通过创新“体验馆+主题教育+综合实践”模式，将这里打造成年轻人钟爱的网红打卡地。目前，山西文旅数字体验馆已开展百余场研学活动，服务师生的人数超过两万人次。在华夏源头展区，学生们通过点燃圣火探寻文明时代的线索；在陶寺古观象台前，轻轻划动便可领略四季变换与古老的节气文化。此外，山西印象展区通过沉浸式 CAVE 空间展现了山西众多景区的魅力，使游客在民歌的环绕下欣赏精彩的演出。

3. 深化数字与文旅的融合发展

山西文旅数字体验馆立足于山西文旅数字体验馆与山西智慧旅游云平台两大载体，集多种功能于一体，面向公众开放，已成为展示山西文旅资源的重要窗口。未来，山西文旅与金融机构、传媒集团等开展跨界合作，进一步整合全省文旅资源，加快科技成果转化，探索山西文旅云+新模式，运用更多科技应用场景，丰富展演内容，提升游客体验，推动山西文旅产业的转型进一步升级。

四、扬州中国大运河博物馆数字技术赋能：打造大运河国家文化公园沉浸式体验

（一）案例概况

大运河从开凿到现在，已有 2500 多年的历史，文化底蕴深厚。扬州中国大运河博物馆，以新唐风建筑风格设计，象征着千年的运河、活着的遗产和流淌的文化。作为大运河国家文化公园建设的核心项目，它巧妙地融合了传统工艺与现代技术，生动地展示了中国大运河历经沧桑的历史演变。

大运河博物馆通过 NEC 投影机打造的沉浸式数字展厅，将历史的庄重与现代投影技术的创新相结合，展现的运河景观不再局限于文字和图片的抽象描述。通过现代科技手段，设计了“一河千载通南北”“货通南北利四方”“千

艘并进万夫牵”“神工当惊世界殊”“因河而兴文化盛”五大主题单元，分别讲述了大运河的开凿历史、通航功能、漕运管理、工程技术和非物质文化遗产，为游客带来了震撼的运河文化视觉盛宴，游客能够直观而生动地感受到运河的千年风貌，从空间、人文、自然等多个维度全面了解和体验大运河沿岸四季的自然风光及其作为中国古代经济命脉的重要意义。

（二）案例具体做法

1. 文旅融合下的体制与机制创新探索

大运河国家文化公园的建设采用省市共建的模式，不仅丰富了文化内涵，还优化了旅游环境。特别是在当前文旅融合的背景下，一站式服务的推出，展现了新时代下休闲服务的创新思路。

2. 技术与艺术的虚实完美交融

大运河博物馆运用多屏融合、大型环幕和抽象与符号化的互动多媒体、多媒体语言以及沉浸式体验等多种技术，结合人体红外感应、AR 技术和全域投影实时渲染等前沿科技，为游客带来了现代与古代交织的体验空间。

3. 数字赋能激活传统文化的新动力

在网络安全系统集成的基础上，大运河博物馆通过数字介入物证聚合，结合实体与虚拟融合体验以及科技、艺术和文化相结合的理念，融入了多种数字技术，激活了馆藏资源，推动传统文化与现代科技的创新融合，为游客创造了沉浸式的展览氛围。

（三）案例创新做法

1. 数字化引领下的沉浸式观展体验

大运河博物馆充分利用网络数字化技术，为观众带来前所未有的沉浸式观展体验。在展览策划上，注重背景文化、历史知识和现代科技的完美结合，通过数字化手段将所要展现的内容巧妙地融入展线之中。游客在参观时，不仅能够感受到展览所传递的内容，还能在技术的引导下，全身心地投入展览所营造的氛围。

河之恋展览以其独特的空间结构和无隔断设计吸引了众多游客。整个展览空间与影片内容相互呼应，通过抽象化、符号化的多媒体语言，将水、运、诗、画四个章节的主题表现得淋漓尽致。游客在参观过程中，仿佛置身于一个由景与画构成的唯美世界，感受着流动的文化所带来的独特魅力。

运河上的舟楫展览则通过时间线的展现，让观众能够清晰地了解大运河舟楫的演变历程。实体船模与虚拟多媒体智能交互的传播方式，让游客仿佛穿越时空，亲身感受古代运河的繁荣景象。此外，展览空间的设计也充分考虑了游客的参观体验，错落有致的布局、现代与古代场景的结合，都为游客带来了丰富的观展感受。

2. 智能数字讲解：历史与知识的完美结合

除了视觉上的震撼体验外，大运河博物馆还注重为游客提供深入的知识讲解服务。通过结合展览实物和网络技术，大运河博物馆为游客推送了丰富的文物背后故事和历史知识。这种智能化的数字讲解方式，不仅让游客在沉浸式体验中获得了新的认知和理解，还使展览内容更加生动有趣。

在运河上的舟楫展厅中，数字教学屏的启用为游客提供了更加直观和生动的舟楫发展史的学习体验。游客可以通过航域、朝代、性质、动力等分类，全面了解舟楫的演变过程。而在沙飞船上，游客则可以亲身感受运河的流动之美，同时聆听运河畔的说书声、卖货声等生活声音，深入了解运河周边的文化和生活。

此外，运河迷踪游戏则通过解谜的方式向游客科普运河相关的知识。游客在解谜的过程中，需要了解与运河相关的职位、工种、排水系统等知识，这不仅增加了展览的趣味性和互动性，也让游客在娱乐中轻松学习知识。这种深入浅出的多媒体解读方式，让体验者更加深入地感受到大运河古代科技的独特魅力，并对古代劳动人民的伟大智慧结晶产生敬仰之情。同时，这也激发了游客守护和传承祖先宝贵遗产的崇高信念。

3. 互动式场景化游戏体验：双向交流与知识流动的新纪元

大运河博物馆不仅致力于单一的知识传递，更加聚焦于游客与科技之间

的深度互动，以此推动知识的动态流动与更新。在运河上的舟楫展览中，游客有机会踏入仿古的沙飞船，一踏入其中，运河沿岸的戏曲和美食文化便映入眼帘。游客可以根据自己的兴趣和喜好，通过点击相应的图片，借助多媒体技术探索背后的故事。轻点之间，屏幕上便会出现精致的美食介绍和动人的戏曲演唱，使游客仿佛穿越时空，置身于古代场景中，品味美食、欣赏戏曲。

运河迷踪展览以游客的行动步伐为引导，结合故事线的语音提示，使游客在每一步的探索中都能发现谜题并逐一解开，是一场充满挑战与乐趣的互动冒险体验。大运河博物馆运用 AR 和全域投影实时渲染等当代媒体技术，以知识展示与密室逃脱相融合的创新模式，使游客仿佛化身为探险家，在运河的历史长河中寻找线索，解开谜题，为游客带来了游戏与文化教育相融合的有趣体验。

大运河博物馆的建立，不仅为游客打开了一扇了解运河历史文化的窗口，更为传统博物馆的数字化转型树立了典范。通过运用现代化的数字影像技术，大运河的历史文化得以在现代社会中焕发新生，生动展现在每一位游客的眼前。这样的创新尝试，不仅让历史变得更具生命力，也为博物馆行业带来了新的发展机遇。

五、数字赋能：叫响河南文化品牌

在文化产业日益受到重视的时代背景下，河南作为拥有丰富文化资源的省份，面临着前所未有的发展机遇。河南注重促进文化和科技深度融合，集成运用先进适用技术，增强文化的传播力、吸引力、感染力，让文化资源“活”起来。为了实现文化产业的高质量发展，河南积极拥抱数字化转型，通过云计算、大数据和智能化技术等前沿科技，提升文化产品和服务的附加值，打造以数字化、网络化和智能化为核心的数字创意产业，从而加速了文化产业的转型升级，增强了整体竞争力。

（一）数字化：文化产业发展的新引擎

在数字经济时代，数据作为关键生产要素，已经成为文化产业发展的核心驱动力。河南凭借其深厚的文物、非遗、文献、遗址和景观等文化资源，有着得天独厚的数字化转型优势。通过实施数字化战略，河南充分挖掘文化资源的潜力，推动了数字文旅产业的快速发展。

2021年国庆期间，河南博物院与支付宝合作推出的数字考古产品“一起考古吧”，吸引了超过3000万用户在线参与，显著提高了河南博物院的知名度和影响力。同年12月，河南博物院推出的1万份3D版数字文创产品“妇好鸮尊”也在短时间内被抢购一空，展示了数字文创产品的巨大市场潜力。

尽管取得了一定的成绩，但河南文旅产业的数字化程度整体仍然偏低。在调研中发现由于缺乏统一的平台统筹，文旅企业和文化资源相关方在推动数字化建设时面临诸多困难，限制了数字资源的有效转化。因此，建立文化资源数据库和数字交易平台，完善数据收集、存储和检索机制，制定科学的交易制度，对于推动数字资源的产业转化具有重要意义。

（二）数字化创意：文化产业的核心竞争力

党的二十大报告指出，实施全面节约战略，推进各类资源节约集约利用，加快构建废弃物循环利用体系。因此，在推进文化资源数字化的过程中，需要对其进行筛选和分级，根据文化展示和传承创新的需要，分步骤实施。

文化创意产业的核心在于创意。数字创意产业，包括数字文化创意、新型媒体服务、数字文化体育娱乐产业、数字内容应用服务、数字文化创意技术装备、人居环境设计服务等。数字创意与相关产业融合应用服务主要包括数字创意在电子商务、教育、医疗、展览展示、公共管理、旅游和休闲农业等各领域的应用。

先进的技术只是为创意内容服务的工具。当前，文化产业缺乏的不是技术，而是具有创新性的创意。因此，大力培养和引进优秀创意人才，鼓励和支持那些能够创造性讲述中原故事的出彩项目，是推动文化产业发展的有效途径。（祝传鹏等，2022）

六、数字＋文化：扬州文旅国际化发展策略

（一）用数字技术挖掘扬州文化宝藏

1. 数字技术整理记录扬州文化内容

扬州文化项目繁茂，例如，雕版印刷、漆艺、玉雕、剪纸、盆景等文化项目，以数字技术对文化资源展开记录、要素提取和深度开发，这种记录整合对于保护非遗等稀缺文化非常必要，有利于对比和跨界、融合和创新，开辟出传统文化领域的全新价值，这对提升扬州数字化文旅产业原创力有着不可估量的意义，可谓是文旅创意的源头之水。

扬州市职业大学发动师生科研力量积极投身到这项工作中。所谓近水楼台先得月，该校艺术学院师生将扬州雕版印刷、漆器技法的部分过程图像或资源，整合建成数字文化资源库，对扬州中国剪纸博物馆的馆藏珍品进行扫描、整理；园林园艺系师生对经典园林进行局部建模3D再现；旅游学院师生对仁丰里历史街区进行老相片采集等。2018年，该校师生共同完成了海丝技艺传承之“扬州漆艺”“雕版印刷”“玉雕”三门课程，入选职业教育专业教学资源库备选库《民族文化传承与创新子库——海上丝绸之路技艺传承与文化传播》。

此外，高校开展了非遗保护系列文创课题。2016年与双博馆共同承担《扬州雕版印刷技艺的数字化保护与创新》；2018年与扬州中国剪纸博物馆、扬州开放大学合作“扬州剪纸”在线课程；2019年与漆器厂合作“扬州漆器髹饰技艺数字化传承的应用研究”等。利用数字技术记录整理，是让文化存得更久、记得更全、传得更广的必要举措，可以为扬州文旅更好地保存资源长久如新，并开辟出一个个数字文化资源库，为像中国扬州剪纸博物馆、中国雕版印刷博物馆这类文旅单位的数字化升级打下基础。

2. 利用数字技术创新创意扬州文化

记录整理是初级的数字文旅铺垫，那么进阶发展仍需仰仗于奇思妙想的文化创意和数字技术。近年来我国数字化文旅IP取得了大发展，如抖音之城西安、打卡网红城重庆等，成为现象级的新旅游城市。不少城市利用数字技术，紧扣自身文化特色资源，以创意为引领，为地方文旅打开了新局面。扬州的瘦西湖、二十四桥、扬州八怪、鉴真、京杭大运河等文化资源，均凝聚着丰富的人文积淀，具有鲜明的城市精神，是值得深度挖掘、树立品牌的文化创意宝藏。

此外，立足高校，依托文创教学科研阵地，积极寻觅扬州本地的文化要素作为文旅创意的根基，也取得了一些初步成效。例如，结合扬州自古文人墨客汇聚的传统，呼应扬州的春江花月夜古代文学内涵，深挖扬州两千多年的花文化，并将数字化技术引入到扬州漆器中加以创新，强化扬州“月亮城”浪漫的城市性格，设计出《春江花月夜》系列文创品牌，以及漆器茶具旅游纪念品《品月》。再如文创作品《广陵几何》，从扬州的衣食住行、文化历史等多方面元素，提取出几何风格的扬州符号，生出耳目一新的时尚面貌。这些作品除了视觉形象符合扬州的城市气息，辅助图形、应用方式等均极具数字化意味，比纯粹的人文旅游更引人入胜，具有鲜明的数字化创新意义。这种探索不仅从视觉形象上扩大了扬州元素的范畴，也以数字化的形式大大创新和增添了扬州文化旅游的时代内涵。

（二）将传统文化向数字文旅转化

数字化文旅产品主要关注的是传统官网的展示效果升级与游客体验，最具有代表性的产品如 VR、AR、MR 等技术，科技含量和制作成本往往更高，但游客体验效果非凡，潜力也巨大。

国内典型的案例敦煌莫高窟数字展示中心，18 米直径 500 平方米超大球形荧幕、鱼眼镜头拍摄的180度超视角逼真画面以及全方位立体声的音响效果，使游客恍若置身于如梦如幻的洞窟之中。精美塑像触手可及，绚丽壁画近在咫尺，美轮美奂的佛国世界给游客带来强烈的视听震撼。在 2020 年世界 VR 产业大会云峰会上，故宫博物院推出了全景故宫栏目，游客不受打扰欣赏 360 度的故宫实景，覆盖全部开放区域，甚至可以浏览暂未开放的区域，在疫情防控期间日均访问量超过 30 万人次。

扬州已建成有博物馆线上数字展厅大运河精品文物线上展等，在线展示

和参观体验感受令人耳目一新。但是大多文旅单位如瘦西湖、个园、何园、大明寺、东关街等，官网都仅有循环图片或部分短视频展示文旅活动，尚未开发出高质量成规模的自助式线上游览线，单纯页面难免给浏览者陈旧、落后的直观印象，亟待改进。

七、江南古典园林文化遗产数字化开发研究：以网师园数字展示平台设计为例

江南园林以其高超的造园技艺享誉世界，江苏拥有被列入《世界遗产名录》的拙政园、留园、网师园、个园等 11 所江南园林遗产资源。

古典园林是极为脆弱的文化遗产，存世的园林实例较少，其场地、功能、名称、格局等均处于变动之中，运用信息技术，可以实现数据的永久存储。利用新的测绘技术如无人机航拍摄影、三维激光扫描等，能获得高精准度的数据，从而确保历史建筑的原真性，启发研究思维。同时，对园林进行数字化复原及模型搭建，能突破传统平面研究方式的局限，再现园林的三维立体空间。通过对现存的古典园林进行数字化信息采集，并对文献可考证但已不存的园林进行文献收集，利用虚拟现实、增强现实等数字技术，建立起包括文献、图像、视频、全景漫游等资源在内的江南园林数字化平台。这样的工作不仅有利于全面挖掘江南园林文化遗产的价值，延续城市文脉，同时也推进文化遗产与相关产业的深度融合，从而促进区域的整体发展。

（一）关于虚拟现实技术

虚拟现实技术是综合计算机图形技术、多媒体技术、人机交互技术、立体显示技术而开发的一种计算机仿真系统，它能模拟人类的多种感官功能，如力觉、触觉、嗅觉等，并生成虚拟环境，使用户在计算机构建的世界中获得身临其境的体验。虚拟现实具有感知性、沉浸性、交互性和构想性等特点，将虚拟现实技术应用于古典园林文化遗产领域，能实现用户跨时空沉浸式地游览园林建筑遗产，深入了解其背后的历史文化知识，通过互动项目还能调动游览者的好奇心，增加游览趣味，加大知识的传播力度。

（二）数字网师园展示平台设计策略

借鉴信息空间理论，数字网师园展示平台从信息资源数字化、文化、传播 3 个维度构建文化遗产数字化展示技术策略框架，如图 4-1 所示。数字化方向即网师园文化遗产资源以何种数字形式进行计算机保存；文化空间是通过资源关联、聚合从文化层面对数字内容进行深层设计；传播空间是从用户需求角度设计可视化的交互场景体验。

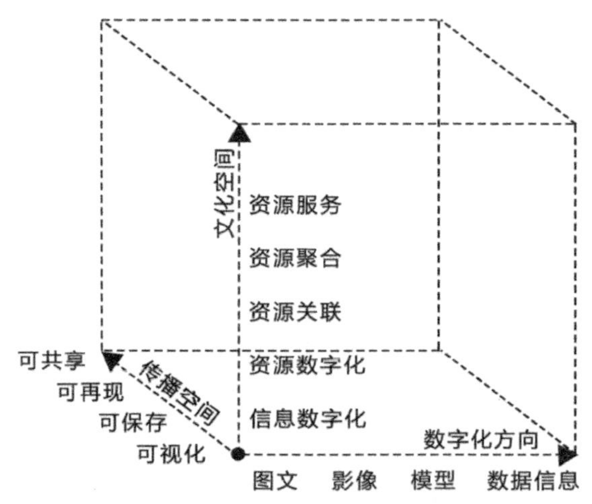

图 4-1　数字化展示技术策略框架图

首先，网师园数字展示平台设计应体现江南地域的文化特征。设计策划人员围绕园林遗迹、园史典故、文人趣事、营造技艺、江南风土等专题，梳理整合网师园零散的资料信息，结合当代人的思维方式、价值观，运用现代设计语言，借助数字化媒介形式对网师园文化内涵进行更立体化、延伸式、全景式地展示。以进入殿春簃景区界面为例，界面下设四个模块，游客单击屏幕上的名人与园图标，链接进入 20 世纪 30 年代张大千兄弟寓居此园时的历史场景。他们将殿春簃辟作画室，取名大风堂，从张善孖和虎儿相扑为戏、以虎作画的动画短片中，游客能鲜活地感受到民国时期江南文人的园居生活方式。

其次，要以用户为中心，将游客的真实需求融入数字网师园功能设计中。当代公众对园林文化遗产的深层次信息有着强烈的探索渴求，数字网师园要

面向不同用户提供多元、个性化的科普内容，以提升园林文旅产品中蕴含的知识容量。例如，一些游客对园林的建筑样式如亭、台、楼、阁、轩、榭、廊、舫感兴趣，可以观看古建营造动画做深入学习，也可调阅香山帮匠人以殿春簃为原型建造美国大都会博物馆明轩的故事。

最后，数字网师园虚拟展示平台应调动游客兴趣融入趣味性强的交互项目，让游客亲自参与，在游戏体验中感知古典园林的造园艺术手法和场所精神。

（三）数字网师园展示平台设计方法

1. 信息数据采集与处理

全面准确的网师园数字信息采集是后期制作的基础。在对园内建筑进行实地调查时，采用三维激光扫描仪获取数据，如图 4-2 所示。三维激光扫描具有数据采集全面、精度高的特点，它能大面积、高分辨率得快速获取物体表面各个点的坐标、反射率、颜色等数据信息，这些密集的 point cloud 数据再快速生成 1∶1 真实比例的真彩色三维模型。同时，在现场勘察测绘获取网师园各景区主要建筑、山水、花木的基础数据基础上，通过对园林历史文献资料的研读，并结合历史建筑图纸的对比分析，确认其精确程度，此外，对相关资料如书籍、论文、图纸、照片、图片、数字模型等进行数字化处理，便于后续存储检索和共享传播。

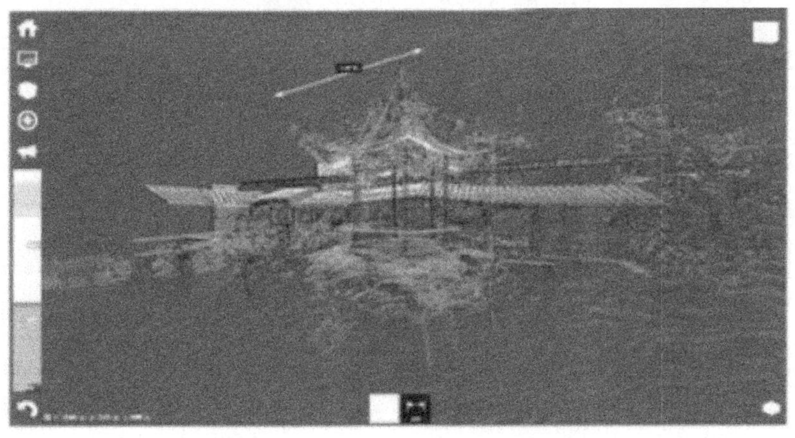

图 4-2　ReCap Pro 中扫描数据效果

2. 数字化建构

（1）高精度部件建构

网师园三维场景的数字模型分为建筑、地形场景、花木、家具模型四个部分。在运用 3DMAX 软件导入三维激光扫描获取的数字信息（point cloud）基础上，利用 Polygon 建模法对园林建筑体进行模型设计和优化，制作 LOD 多级模型，如图 4-3 和图 4-4 所示。

图 4-3　网师园濯缨水阁建筑模型　　图 4-4　网师园三维场景数字模型

由于古典园林建筑结构和营造方式复杂，如完全依据园林客观真实数据建模，不但会出现单体建筑构件数字模型字节庞大、纹理贴图众多等问题，同时也可能导致系统因内存装载数据量过大而无法正常运行。因此，在保证效率的前提下尽量减少场景模型的文件字节体量，对于各类模型结构造型，通过高光贴图或者法线贴图等材质贴图来表现，对模型结构与贴图 UV 坐标不起作用的点和面，一定要删除它们以节省数据量。

（2）丰富而精准的景观表现

网师园素以小巧淡雅著称，园内种植的花卉奇特、清雅、别致，与山池建筑相映成趣。作为园林自然景观的重要构成元素之一，如何真实而精准地再现花木空间关系和长势姿态是场景数字化建构中的一个技术难点，在本项目中运用 SpeedTree Modeler 模拟古柏、黑松、白皮松等古木的动态以达到仿真视效。

此外，作为自然写意山水园，网师园在不同的时令节气、气象条件下有着不同的意境，需在特定季节时分进行观景，如观看秋日的小山丛桂轩、春末的殿春簃、冬日的看松读画轩等景色。为了让游客不受时空限制，随时体味最佳季节下的景致，项目将部分景观进行了春、夏、秋、冬四季及朝、午、夕、

晚一日景色的虚拟再现。

（3）艺术化处理

网师园三维场景的数字化建构不仅要求科学精准，同时还应具备良好的视觉艺术性。在艺术化处理阶段，采用 Vray 渲染效果、材质运用、法线烘焙贴图、艺术处理等手段，达到研究和展示的目标。例如，在位于中心景观区彩霞池南岸的濯缨水阁的数字建构过程中，通过灯光和烘焙技术等艺术处理方法，该建筑与周围山石、树木、水面产生的光影效果有机融为一体。

3. 集成共享与展示

网师园数字化集成共享与展示平台，设置 3D 漫游、指定路线游览、园林建筑营造动画等多类型的虚拟展示方式，如图 4-5 所示，以实现用户通过网络对网师园进行跨时空的互动体验。例如，曲平桥、引静桥造型设计对比演示动画，帮助使用者清晰直观地了解古典园林造园的艺术规律。未来，平台建设还会加入针对不同兴趣方向的基于虚拟空间的信息发布、即时讨论、资讯上传等在线互动，加强用户之间的交流与分享，吸引社会关注和信息反馈。

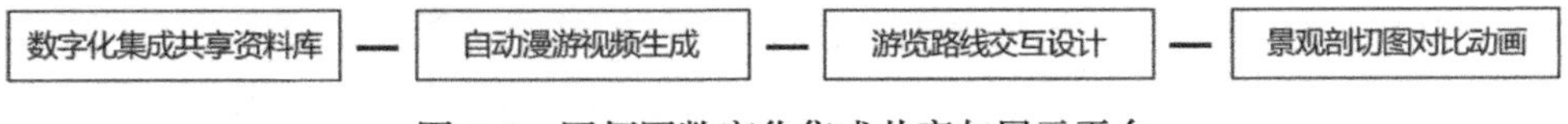

图 4-5 网师园数字化集成共享与展示平台

八、融媒体平台在文旅产业的发展路径探析：以中传云平台为例

中国文化传媒集团有限公司于 2009 年 11 月由中国文化报社转企改制组建而成。目前，集团拥有文旅中国客户端、中国文化传媒网、中国手艺网及《中国文化报》《文化月刊》《时尚旅游》《时尚健康》等媒体报刊，建有中传云全媒体融合平台。

随着以微博、微信、抖音、快手、人民网、新华网为代表的新媒体的出现，传统行业媒体面临着资源匮乏、信息覆盖面小的困境。为了打破这一困境，中国文化传媒集团以《中国文化报》为母体，建设运营了拥有自主知识产权的集新媒体、智库、产业服务于一体的大型云服务平台“中传云”。

中传云平台于 2018 年 1 月启动建设，同年 10 月 12 日一期上线。目前，经过持续的迭代更新，已实现了集团报、网、端、微、号融合打通，为系统新媒体管控、传播提供了技术支撑，为文化和旅游行业提供文旅号自媒体宣传、文化和旅游舆情监测、文化和旅游行业资源库、文化和旅游大数据、文化和旅游融合产业提供数字化创新平台服务，形成了以集团媒体融合为核心，文旅号、文化和旅游部新媒体为扩展层，互联网媒体为分发层，地铁、景区文明旅游宣传屏作为线下联动，影视、综艺、活动为持久传播的传播体系，大数据支撑的舆情和产融智库体系，将传统文化与新媒体、线上传播相融合，为文化和旅游领域提供了良好的媒体内容传播效果。

（一）依托中传云，实现文创产品 IP 确权

在文化领域，当前文创产品很难实现 IP 确权。为此，中国文化传媒集团依托中传云平台，组建中传新文创（IP）平台，为文创产品实现一站式确权。

中传云平台是一个知识产权（IP）确权、交易、保护的一站式服务平台，凭借完善的知识产权保护一站式解决方案，与各地文化和旅游部门、文化企业建立了多项长期合作的项目，形成了入驻企业和 IP 资源的集聚效应。目前，中国、日本、韩国等国入驻企业近 300 家，确权登记 IP 数量超过 1500 个，合作企业涵盖京东、网易、日本 CODA、韩国娱美德等中外 40 余家企业与机构。在第 11 届中日韩文化产业论坛，IP 平台成为中国政府执行 Our IPOOL 中日韩 IP 孵化计划的唯一指定落地实施平台。

（二）防疫健康信息码，为景区健康运行保驾护航

2020 年 3 月，文旅中国客户端新增上线全国一体化政务服务平台防疫健康信息码功能。全国各地区文化和旅游领域相关服务机构、消费场所、景区可通过文旅中国（App、微信、支付宝等小程序）、国家政务服务平台移动端（App、微信、支付宝、百度等小程序）使用防疫信息码服务，查询游客健康情况，为文化和旅游行业安全有序复工提供管理辅助。

（三）全国文化和旅游数字资源库，打造四库全书式的文旅数字体系

为保护全国 1000 多个天下第一团的珍贵资料，进一步挖掘全国非物质文化遗产资源，2020 年 5 月，依托中传云平台，文旅中国客户端上线全国文化和旅游数字资源库，将新中国成立以来的文化、艺术、图片、视频等入库。

平台以四库全书式的体系，建立了文化和旅游 5 级目录，数字资源分级、分类入库，目前已建立全国 384 个剧种资料，14000 多张入库高清书画图片，4000 余个戏剧表演剧目视频，500 多个非物质文化遗产表演视频，形成了全国较为完整的文化艺术数字资源库。

（四）舆情洞察系统，为行业提供实时监控与分析

为加强意识形态阵地管理，依托中传云平台，文旅中国客户端还打造了舆情洞察系统。该系统是处理和分析海量互联网公开舆情信息的有力工具，基于中传云大数据技术平台，覆盖全网主流资讯站点及社交媒体的信息监控与分析，为客户收集互联网公开信息，并从多维度进行深刻解读。舆情洞察系统利用大数据智能分析技术，从海量庞杂的网络信息中迅速发现舆情热点和规律，掌握舆论动向，从而从容应对瞬息万变的网络舆情，牢固守住新媒体意识形态阵地。目前，该系统已为全国文化执法系统、网络监管体系提供了实时在线舆情监测，收到了良好的社会效益。

（五）通过大数据分析，为文旅行业提档升级提供抓手

为响应中共中央关于疫情防控与文化和旅游预约的要求，中传云还构建了国家级（文化和旅游部）、省、市目的地体系结构，为各级文化和旅游行政管理部门、文化和旅游经营机构及游客等各类用户群体分别提供各自所需的应用服务。通过大数据分析，为全域旅游提档升级提供抓手，推进文化和旅游行业管理的提质增效。

未来，中国文化传媒集团将以打造大文化、大传媒格局为中心，围绕“建强传媒本体、做实传媒内容、优化传媒渠道、做精传媒服务”经营主线设计盈利模式、夯实业务形态，着力打造体现文化央企特色、符合现代企业制度要求、具有核心竞争力和国际影响力的新型文化产业集团。

九、数字化助力西安城墙文物保护和文化遗产传承

（一）案例概况

古都西安，作为政治、经济、文化中心，长达 1100 多年。西安古城墙，

作为十三朝古都一张亮丽的名片，是中国现存规模最大、保存最完整的古代城垣，也是第一批全国重点文物保护单位、国家5A级旅游景区。

目前，西安城墙已设立了3090个文物形变监测点，并完成了1027个监控图像的数据接入信息中心，实现了对城墙本体及其附属建构筑物的实时形变监控，以及游客流量统计、护城河水位观测、热成像周界监控和区域入侵警报等多重功能。同时，西安城墙还创新推出了无人机+VR沉浸式体验，通过高清实时图像传输，为游客提供了从空中俯瞰古城的新颖视角。此外，西安城墙还打造了国内最大的唐长安城智慧沙盘，运用声光电及数字投影等先进技术，让游客能够深刻感受到唐长安城的雄伟与震撼。

在数字藏品方面，西安城墙推出了城墙小武士、城墙插画、数字时装等七大系列共计25款数字藏品，丰富了文化遗产的呈现形式。同时，结合含光门遗址，西安城墙还研发了数字博物馆和H5手机端小游戏，游客只需通过手机客户端的“智慧旅游”小程序，便能轻松获取景区周边的美食、美景、美图等数据信息。

在智慧旅游服务方面，西安城墙还实现了智慧门禁与健康码的二码融合，让游客仅凭一张票就能畅游全天，极大地提升了游客的游览体验。

（二）案例具体做法

西安城墙积极运用物联网、大数据、云计算等前沿科技，在智慧平台建设、数字藏品开发以及手机客户端的小程序研发等多个领域展开深入探索，旨在强化文物保护工作并传承文化遗产。

在智慧平台方面，西安城墙通过构建智慧监测、数字博物馆、长安智慧沙盘和无人机导览四大模块，打造了集监控与运营于一体的智慧平台。该平台能够实时监控城墙及附属建构筑物的变形情况，并实现景区智慧旅游的客流统计、护城河水位监测、热成像周界监测和区域绊线入侵监测等功能。

在数字藏品方面，西安城墙利用区块链技术推出了多个系列的数字藏品，如西安城墙小武士和西安城墙四季插画等，打造了长安IN数字藏品发布平台。这些数字藏品不仅丰富了文化遗产的呈现形式，也吸引了大量收藏爱好者的关注。

在手机客户端小程序方面，西安城墙推出了遇见城墙智能导览系统，为游客提供便捷的历史文化导览服务。同时，该程序还增设了打卡拍摄点特色功能，让游客在欣赏古城风貌的同时，也能留下美好回忆。此外，西安城墙还通过智能闸机和手持闸机的双机运行模式，实现了闸机的 NFC、生物识别及全通道付款功能，提升了游客的通行效率。并且，城墙票务系统与西安健康码的融合也大大缩短了游客的入园时间。

在文物保护方面，西安城墙通过建立完善的文物保护监测系统和分析海量监测数据，探索出了城墙文物安全监测预警阈值，有效保障了城墙的安全。

在文化遗产传承利用方面，数字化建设不仅提升了旅游管理的效率和水平，还推动了旅游产品的创新和旅游营销的创新。

未来，西安城墙将继续完善数字化创新运行机制，通过智慧旅游的技术革新和数据分析，解决旅游体验和旅游品质提升以及旅游服务升级等问题，为游客提供更加人性化、个性化的旅游体验。

（三）案例评述

近年来，西安城墙以数字化为抓手，全面推进文物保护管理和文化遗产传承利用。

西安城墙率先在全国城墙类文物保护单位中运用数字化手段，建立文物保护和景区运营数字监测平台，实现了文保监测、客流统计、护城河水位监测、热成像周界监测及区域绊线入侵检测同步实施。在确保文物安全的同时，保证了游客的人身安全。

在文化遗产传承和文旅融合方面，西安城墙推出数字博物馆无人机 +VR 沉浸式云游览和手机客户端“智慧旅游”小程序，结合区块链技术尝试数字藏品，使游客获得更加人性化、个性化的体验。

十、龙门石窟：无上龙门沉浸式体验馆为文旅 IP 增添新看点

（一）案例概述

龙门石窟位于河南省洛阳市，是世界上规模造像最多的石刻艺术宝库，被誉为中国最大的露天石刻艺术博物馆。龙门石窟景区积极探索文化遗产的

全新表达方式，打造了一系列沉浸式文旅项目。

无上龙门沉浸式体验馆位于龙门石窟景区中的龙门古街内，是博涛文化联合龙门旅游集团共同打造的龙门石窟文旅 IP。无上龙门沉浸式体验馆以洛阳和龙门石窟厚重的历史文化为背景，以高科技的机械装置为手段，结合古街建筑形态和环境及场馆建筑条件，最大限度地利用原有建筑，以创新性、科技性的表达方式设计而成。

无上龙门沉浸式体验馆从开始定位为景区二次消费项目体验到成为景区引流担当，再到进一步成为洛阳城市文旅新地标，该体验馆集合了轻投资、沉浸感强、游客承载量大、文化艺术表现力强、视觉体验感好、符合新媒体传播特质等优势，为景区微改造、精提升提供一个全新的解决方案。

（二）案例创新举措

1. 全景沉浸视听文化盛宴

龙门，作为活着的历史，被伊河、香山守护，千年风貌犹存。“无上龙门”四个字，这也正是博涛文化为体验馆特别定制的同名全景沉浸体验球幕影片《无上龙门》提供了创作灵感。这部影片从自然、历史、人文等多角度，通过伊阙之始、河洛之光、盛唐之舞3个篇章，展现了华夏之都洛阳的历史文化。游客在裸眼 5D 体验中，沉浸在千年龙门的历史文化长河里。

在内容处理方面，龙门石窟文旅运用全息天幕技术，从龙的图腾开始，深入挖掘龙门石窟的文化背景和历史线索，展现了大禹、战国、北魏、隋唐时期的龙门风貌。其间巧妙融入鱼跃龙门、伊阙大战、石窟开凿、神都洛阳、武则天明堂、飞天牡丹、白居易诗词等具有时代特色和文化内涵的场景，使游客在参观前就能通过光影变幻了解洛阳和龙门的千年文化，提升游客游览的趣味性和深度。

在营销策略方面，龙门石窟文旅采用“营销前置 + 店长引擎 + 新媒体引爆 + 社群推广 + 游客自媒体加持”的综合模式，迅速获得市场的关注和游客的认可，为游客创造超值的新体验，成功激活了年轻人和亲子家庭市场，取得了理想的运营效果。

2. 引流创收实现真正落地

游客的赞誉并不足以证明一个文旅项目就是优质的项目，还需全面考量其投资成本、回报率以及可复制性等因素。例如，上海迪士尼、北京环球影城等大型项目，尽管广受欢迎，但巨大的投资成本和难以复制的特性使得它们的投资回报可能并不理想。

实际上，国内众多新老景区正面临业态升级的需求。例如，许多景区存在未充分利用的空间，需要提高它们的利用率；文旅街区和城市更新项目则需要引入具有吸引力的新业态以吸引游客。这些地方更需要的是那些游客体验深刻、投资规模适中、回报率高且具备区域引流潜力的小而精的项目。

以《无上龙门》影片为例，该项目采用裸眼5D技术，占地面积仅1000多平方米，但每场表演可容纳200人，一场表演用时12分钟，具有低成本、高效率、高承载量和高场次密度等优势。博涛文化一直追求产品的极致感官体验，使得无上龙门沉浸式体验馆迅速成为超越龙门石窟的网红打卡地。

值得一提的是，该项目在疫情防控期间接待游客的数量超过龙门石窟的一个重要原因是，随着长线游客的减少，旅游项目越来越依赖本地和周边客源。洛阳本地游客多数已游览过龙门石窟，而《无上龙门》作为新晋网红景点，自然成为他们的新选择。特别地，其高颜值、强体验和适合拍照打卡的特点，非常契合年轻一代追求颜值即正义、注重个人体验和乐于分享的生活方式。

3. 新玩法彰显科技魅力

无上龙门沉浸式体验馆作为博涛文化独立运营的项目，不仅为团队积累了宝贵的运营经验，而且探索出众多新颖的运营方式。其运营团队巧妙地运用了“营销前置 + 店长引擎 + 新媒体引爆 + 意见领袖 + 社群推广 + 游客自媒体加持”的传播和渠道策略，成功构建了一套可复制、可推广的运营方法论，为后续项目奠定了坚实的基础。

与此同时，《“十四五”旅游业发展规划》也明确指出，要扩展大众旅游消费体系，以满足大众多样化、个性化的旅游需求。因此，推动传统商业综合体向文体商旅综合体转型，打造新型文化和旅游消费集聚区，实施小而精、能独立引流的项目尤为重要。它们不仅能够满足本地及周边游客的微旅游、微度假需求，还能有效促进文旅消费集聚区的形成。

4. 从爆品到新型文旅消费集聚区

激发和优化消费需求环境，通过高质量的发展方式激发消费需求，引导旅游新风尚，沉浸式体验项目也面临提升复购率的挑战。无上龙门沉浸式体验馆持续优化影片内容，积极发挥正向激励、引领、示范和带动作用，不断促进文旅服务高质量发展和转型升级，进一步丰富项目内容，增加研学元素，确保游客每次体验都能有新鲜感，为游客提供多元化、个性化的体验。

参考文献

[1] 蔡敏 . 基于人工智能技术的大数据分析方法研究进展 [J]. 科技风，2020，（07）:58-60.

[2] 曾庆红，王玲 . 大数据背景下红色旅游营销创新模式研究——以大连市旅顺口区为例 [J]. 商业经济，2020，（01）:67-69.

[3] 陈琳琳，夏杰长，刘诚 . 数字经济市场化监管与公平竞争秩序的构建 [J]. 改革，2021，（07）:44-53.

[4] 陈旭,陈斌 . 基于全景影像的沉浸式多人协同交互技术研究 [J]. 信息技术，2020，44（11）:1-5+13.

[5] 陈懿 . 基于大数据分析的智慧景区管理应用问题研究 [J]. 作家天地，2021，（12）:104-105.

[6] 程聪，王永根 . 人工智能技术的大数据分析方法探讨 [J]. 信息记录材料，2020，21（05）:128-130.

[7] 党安荣，张丹明，马琦伟，等 . 大数据时代的智慧景区管理与服务探讨 [J]. 西部人居环境学刊，2020，31（04）:8-13.

[8] 党云峰 . 红色文旅数字化唱响青春“复兴 · 颂”[N]. 中国文化报，2022-02-15（007）.

[9] 樊晓鹏,吴晓截 . 大数据在全域旅游智慧营销应用上的探讨 [J]. 智能城市，2019，5（17）:103-104.

[10] 盖东海 . 融媒体平台在文旅产业的发展路径探析——以中传云平台为例 [J]. 中国传媒科技，2022，（02）:79-81.

[11] 高伟 . 九寨沟智慧景区管理体系建设 [J]. 科技创新导报，2015，12（20）:177-178.

[12] 龚花，陈琦，陈名辉 . 基于大数据分析的旅游景区管理策略优化研究 [J]. 广西质量监督导报，2020，（10）:40-41.

[13] 巩云飞，董海燕．虚拟旅游景点系统的设计与开发 [J]. 电脑知识与技术，2020，16（13）:80-81.

[14] 郭艺．“数字＋文化”扬州文旅国际化发展策略 [J]. 当代旅游，2021，19（33）:26-28+44+97.

[15] 何静，臧飞飞，候玉洁．郑州市智慧景区管理系统的设计 [J]. 现代营销（经营版），2020，（10）:66-68.

[16] 胡优玄．基于数字技术赋能的文旅产业融合发展路径 [J]. 商业经济研究，2022，（01）:182-184.

[17] 黄承彬．大数据物联网在景区综合管理中的应用 [J]. 信息系统工程，2018，（08）:42.

[18] 黄炜．关于“大数据”理念对企业管理决策的影响 [J]. 现代企业，2021，（12）:20-21.

[19] 黄鑫，谢奇秀，孙婷婷，等．大数据时代的旅游个性化营销研究综述 [J]. 计算机产品与流通，2019，（02）:112.

[20] 惠林彬．大数据时代龙门石窟智慧景区管理与服务研究 [J]. 商业经济，2019，（02）:41-42.

[21] 贾娜娜．基于大数据背景下智慧旅游管理模式探究 [J]. 旅游纵览，2021，（03）:53-55.

[22] 李彬，王冠宇．日本智慧旅游发展的成功经验 [J]. 日本问题研究，2020，34（06）:15-23.

[23] 李建军．数字文旅产业发展思考 [J]. 合作经济与科技，2021，（24）:26-27.

[24] 李甜．大数据背景下旅游服务管理质量优化对策研究 [J]. 营销界，2020，（31）:156-157.

[25] 李晓华．智慧旅游视域下江西文旅企业线上营销能力提升策略分析 [J]. 产业创新研究，2021，（19）:60-62.

[26] 李杨，杨慕柴蓉．网络微社区影响下文化旅游服务平台设计研究 [J]. 包装工程，2020，41（16）:15-20.

[27] 林轶，屠靖斌，邹诗琦．广西民族文化旅游产业发展现状及创新对策

研究 [J]. 旅游纵览，2021，（15）:168-170.

[28] 刘杨蒂 . 散客旅游公共信息服务的大数据应用初探 [J]. 通讯世界，2020，27（03）:43-44.

[29] 吕凤亚 . 互联网时代下人力资源绩效管理的创新方式分析研究——评《人力资源与大数据分析》[J]. 云南财经大学学报，2020，36（05）:2+113.

[30] 莫莉秋 . 大数据环境下的旅游业发展路径 [J]. 度假旅游，2019，（4）:296.

[31] 牛媛 . 大数据分析在智慧旅游领域中的运用 [J]. 当代旅游，2022，20（1）:28-30.

[32] 潘云 . 大数据背景下江苏省入境旅游市场定位及营销模式创新研究 [J]. 营销界，2019，（39）:54-56.

[33] 齐德芳 . 短视频平台下的旅游营销模式分析 [J]. 经济研究导刊，2020，（19）:41-44.

[34] 宋黎娜 . 基于大数据背景下智慧旅游管理模式探讨 [J]. 经济研究导刊，2021，（30）:152-154.

[35] 苏坤 . "元宇宙"如何赋能文旅产业数字化转型值得关注 [N]. 中国旅游报，2021-12-16（003）.

[36] 隋丽娜，杨宏，于万国 . 文旅大数据分析技术应用研究 [J]. 河北民族师范学院学报，2021，41（04）:111-116.

[37] 孙雷蕾，王国军 . 旅游保险 : 发展潜力、市场需求与制度设计 [J]. 暨南学报（哲学社会科学版），2021，43（12）:107-119.

[38] 谭凌霄，林文芳，尹丹妮 . 物联网技术在景区建设中的应用 [J]. 科技视界，2021，（04）:68-69.

[39] 汤小春，张克，赵全，等 . 基于事件驱动架构的分布式流处理弹性资源分配策略研究 [J]. 计算机学报，2023，46（02）:244-259.

[40] 万津津，朱卫未 . 基于大数据的江苏省智慧乡村旅游营销与管理创新策略研究 [J]. 中国经贸导刊（中），2019，（09）:64-67.

[41] 汪林 . 文旅部整治 OTA "大数据杀熟" "低价游" 乱象 [J]. 计算机与网络，2019，45（21）:9-10.

[42] 汪竹，王晓云，李若男．社会化媒体营销在智慧旅游中的应用研究——以镇江为例 [J]. 中国集体经济，2021，（30）:130-131.
[43] 王合壮．全域旅游智慧营销的实施分析[J]. 中国市场,2019,(23):138-139.
[44] 王红，尚现娟，管芳笛．数字化视角下的山东文化旅游开发现状探讨 [J]. 当代旅游，2021，19（06）:12-13.
[45] 王丽娜，俞湘蝶，王思佳，等．大数据背景下区域旅游精准营销策略研究 [J]. 数码世界，2020，（02）:237.
[46] 王丽萍．基于游客感知的智慧景区建设评价——以花果山景区为例 [J]. 连云港师范高等专科学校学报，2019，36（04）:20-25.
[47] 韦晨．大数据背景下智慧旅游管理模式研究 [J]. 旅游与摄影，2021，（24）:16-17.
[48] 魏红江．日本旅游业发展研究 [D]. 沈阳：辽宁大学，2017.
[49] 吴和君．大数据统计对智慧景区管理与服务探讨 [J]. 全国商情，2016，（34）:23-24.
[50] 吴丽云．打造数字文旅推动产业高质量发展 [N]. 中国旅游报，2021-03-09（003）.
[51] 吴倩，邢希希．基于舆情大数据的贵州旅游创意营销路径研究——以黄果树瀑布景区为例 [J]. 价格月刊，2019，（10）:75-82.
[52] 夏杰长，贺少军，徐金海．数字化：文旅产业融合发展的新方向 [J]. 黑龙江社会科学，2020，（02）:51-55+159.
[53] 谢文卿．LT 旅游投资公司数字化营销策略的研究 [D]. 杭州：浙江工业大学，2020.
[54] 谢仲文．文旅大数据：文旅融合发展的信息化基石 [J]. 中国旅游评论，2019，（3）:121-129.
[55] 辛士伟，赵维有．云计算与大数据在信息系统中的应用 [J]. 中国新通信，2019，21（24）:119.
[56] 胥芮．呼和浩特智慧旅游平台整合营销传播策划方案 [D]. 南京：南京大学，2020.

[57] 薛红艳，金才富，朱思宇 . 古村落文化旅游产品开发的深化与活化之路径——以金华市兰溪市诸葛八卦村为例 [J]. 民族艺术研究，2022，35（01）:101-104.

[58] 杨建 . 大数据分析背景下的旅游景区管理策略优化分析 [J]. 旅游与摄影，2020，（14）:30-31.

[59] 叶紫青，刘怡君，王鹏飞 . 大数据促进旅游业高质量发展的作用机制与政策建议 [J]. 企业经济，2022，41（8）:132-141.

[60] 张弛 . 旅游智慧营销发展研究 [J]. 时代经贸，2019，（22）:65-71.

[61] 张骥，杨文昕，梁晓辉，等 . 5G 智慧文旅在宽窄巷子景区的应用探索 [J]. 通信与信息技术，2020，（05）:50-54.

[62] 张军爱 . 大数据背景下旅游业发展的新技术应用 [J]. 科技创新与生产力，2020，（2）:30-36.

[63] 张俊杰，蔡昕彤 . 长白山智慧旅游景区建设与发展研究 [J]. 旅游纵览，2021，（15）:26-28.

[64] 章小平，马军 . 大数据时代给智慧景区发展的启示——以中国九寨沟风景名胜区为例 [J]. 旅游规划与设计，2014，（02）:6-13.

[65] 招燕 . 大数据背景下审计的创新研究 [J]. 农家参谋，2020，（10）:213.

[66] 赵鹏，朱祎兰 . 大数据技术综述与发展展望 [J]. 宇航总体技术，2022，6（01）:55-60.

[67] 郑剑红，易小梅 . 大数据精准营销下旅游网络营销策略发展与思考 [J]. 当代旅游，2019，（10）:274.

[68] 仲昭铭 . 羌族文化旅游产业创新与数字化建设 [J]. 当代旅游，2021，19（33）:32-34.

[69] 周昊，陆克中 . 大数据背景下智慧旅游开发——以池州杏花村文化旅游区为例 [J]. 池州学院学报，2017，31（06）:31-33.

[70] 周慧敏 . 广东中旅精准营销的构建与应用研究 [D]. 广州 : 华南理工大学，2021.

[71] 周效东，金梅 . 基于旅游大数据构建景区安全预警机制 [J]. 四川旅游学

院学报，2017，（01）:78-80.

[72] 祝传鹏，贺志泉，孙科，等. 数字赋能，叫响河南文化品牌 [J]. 协商论坛，2022，（01）:30-31.

[73] COOPER M A，BUCKLEY R. Tourist Mental Health Drives Destination Choice，Marketing，and Matching[J/OL]. Journal of Travel Research，2022，61（04）:786-799.

[74] DEAN J，GHEMAWAT S. MapReduce:Simplified Data Processing on Large Clusters[C/OL]//Communications of the ACM，2004，51:137-150.

[75] GAO H，JIANG J，SHE L，et al. A New Agglomerative Hierarchical Clustering Algorithm Implementation based on the Map Reduce Framework.[J]. JDCTA，2010，4:95-100.

[76] GHEMAWAT S，GOBIOFF H，LEUNG S T. The Google File System[C]//ACM SIGOPS Operating Systems Review:2003，37:29-43.

[77] HE Y，TAN H，LUO W，et al. MR-DBSCAN:An Efficient Parallel Density-Based Clustering Algorithm Using MapReduce[C]//2011 IEEE 17th International Conference on Parallel and Distributed Systems，2011:473-480[2023-11-07].

[78] LI H，SU P，CHI Z，et al. Image retrieval and classification on deep convolutional SparkNet[C]//2016 IEEE International Conference on Signal Processing，Communications and Computing （ICSPCC），2016:1-6[2023-11-07].

[79] ZHAO W，MA H，HE Q. Parallel K-Means Clustering Based on MapReduce[M]//JAATUN M G，ZHAO G，RONG C. Cloud Computing. Berlin，Heidelberg:Springer Berlin Heidelberg，2009，5931:674-679[2023-11-07].